JN207065

新しい時代に求められる
保育者の専門性

—子どもの well-being をめざして—

新しい時代の保育者養成研究会［編］

創 成 社

謝　　辞

　子どもが自分の力を信じ，安心して伸び伸びとその力を発揮してほしい。仲間とともにお互いを認め育ち合う関係を築いてほしい。そして，生きる喜びを実感しながら充実した日々を送ってほしい。本書は，そんな願いを副題の「子どもの well-being をめざして」に込めました。

　変化し多様化する社会の中で，人格の基礎がつくられる乳幼児期の育ちを支える保育の役割がますます重要になっています。これからの社会の担い手になっていく子どもたちが最初に出会う小さな社会での記憶は，子どもの奥底にしっかりと刻まれ，生きていく上での土台になるからです。楽しい記憶を心の中にたくさん蓄積してほしい，心からそう思います。

　それは，大人が与えるものではなく，子ども自身が，自ら経験し獲得していくものです。そのような経験の場をどのように創っていくのか，それが保育者に問われるようになりました。

　子ども主体の保育という言葉をよく耳にしますが，それがどういうことなのか，そのような保育の中で保育者の役割は何なのか，本書を構想してから，保育者養成に携わる著者たちがワーキンググループをつくり，研究会として議論を重ねました。その答えを読者のみなさんが，本書を読み進める中で感じ取っていただければ幸いです。そして，保育は面白い，もっと深く学びたいと思っていただければ，こんな幸せなことはありません。

　「日々，子どもと一緒に“わくわく”を共有することが楽しい。“わくわく”をこれからも大事に保育をしていきたい」と保育者になった卒業生が話してくれました。子どもと同じ目線に立ち，子どもの小さな発見や喜びに寄り添い，心を通わせて，その喜びを遊びや活動として発展させていく保育者の姿を見ることができました。本書の中でも，そのような発見や喜びに出会っていただければと願います。

　最後になりましたが，出版を構想してから具体化する上で，研究会メンバーとの話し合いの場に同席していただき，出版構想の実現に向けて様々な提案をしていただき尽力していただいた創成社の塚田尚寛様，中川史郎様，丁寧な編集作業をしていただいた西田　徹様に心から感謝申し上げます。

2024 年 12 月

新しい時代の保育者養成研究会一同

目　次

序　章

本書のコンセプト

ある園の取り組みから見えてくるもの

　「子どもって，もっともっと自由になれるんじゃない？　失敗する自由があってもいいんじゃない？　そう思いながら保育をしてきました」と語ったのは，ある保育所の園長です。大人が決めたルールの中での自由，大人が許せる範囲の自由はあっても，自分で決めたり，選んだりする自由は限られていて，子どもが本来持っている力を十分発揮できていないのが保育の現状ではないかというのです。「子どもは実はすごい力を持っていて，任せることで，大人が思いもよらないことができたりする。できなかったこともその子の大事な経験になる」。だからこそ，子どもの成長発達には自由が必要なのだと。

　その保育所では，数年前に，子どもがしたい遊びをたっぷりとする自由な保育に転換しました。それ以前は，保育計画に沿って，毎日，事前に決められた設定保育が行われていました。当時の子どもたちは，「先生，○○していい？」「次何するの？」と，お行儀はいいけれど受け身でした。保育者が「○○をしましょう」と投げかけると興味を持って集中するし，それなりにやるけれど，長続きすることはなく，遊びが発展することもありませんでした。確かに，大人がゴールを決めるわけですから，発展する余地はないかもしれません。保育が変わった当初は，「先生，何すればいいの？」と尋ねてきて，「好きなことをすればいいのよ」と答えると困ってしまう姿がよく見られました。しかし，そんな様子はどんどん変わり，自分から遊びたいことを見つけて，主体的に活き活きと遊びこむようになりました。

　変わったのは，子どもだけではありません。保育者の声かけが激減しました。園長の言葉を借りると，「保育者たちは，元来世話好き集団ですから，よかれと思って，以前は手を出し口を出し，言葉のシャワーを浴びせるように常に子どもに声をかけていました」。それは，大人がしてほしい行動に導くためでもありました。

　そんな関わりが一変し，子どもが何に興味を持っていて，どうしたいと思っているのかを子どもと関わり一緒に遊ぶ中で感じ取り，子どもの声に耳を傾けながら，子どもの『やりたい』を実現できる環境を考えるようになったのです。そして，それが保育のやりがいになっていきました。大人と子どもの関係は，指示する大人と従う子どもではなく，遊びがもっと

楽しくなるように協働する関係になっていきました。

　前置きが長くなりました。本書のタイトルは「新しい時代に求められる保育者の専門性」ですが，その中で本書が掲げる新しい時代の保育とは，well-being を目指す子どもが主体の保育です。冒頭で紹介した保育所は，その価値観を大切にし，新たな保育に踏みだしたのです。

主体的保育と well-being（ウェルビーイング）

　子どもの主体性が国の保育方針として示されたのは，実はかなり前のことで，1998 年の幼稚園教育要領（幼稚園の教育基準を定めたもの）に「主体的」活動を目指すと書かれています。当時の保育の主流は，保育者が日々の保育内容や活動を細かく決めて，子どもはそれに従い，保育者が目指す保育を達成するという設定保育でした。それが，保育の当たり前でした。なぜなら，保育者は，子どもが正しく成長発達するために必要な保育内容を考え，子どもが望ましい姿になるように導くことが自分の役割だと考えていたからです。ですから，新しい方針が示されても，保育が大きく変わることはありませんでした。実際には，どうすればよいかわからなかったというのが本音かもしれません。

　皆さんも幼稚園や保育所に通っていたとき，先生から毎日その日にする活動を聞いて，教えられたことをみんなと一緒に行って，上手にできたり，きちんと約束を守れると褒めてもらったという人が少なからずいるのではないでしょうか。中には，同じことをみんなと同じようにすることを窮屈に感じていた人もいるかもしれませんが，幼稚園や保育所はそういうところだと思っていたのではないかと思います。実際，主体的と言われても，何が主体的なのか，保育者は実践のイメージが持てなかったのだと思います。

　20 年を経て二度目の改定となる 2018 年に施行された幼稚園教育要領，保育所保育指針（保育所保育の基本となる考え方，保育内容やねらいなどを定めたもの）では，子どもの主体性がさらに強調され，子どもが主体的に行動することが求められるようになりました。いよいよ主体的な保育が本格的に動きだしました。また，それに加えて，「子どもが権利の主体」であることが強調されています。子どもの人権が尊重され，生まれた瞬間から一人の人格を持ち，自分の意見を持つ存在として尊重されなければならないということです。当然そこには，行動の主体者であることも含まれます。

　保育の現場は，保育所保育指針にも示されているように，子どもが現在を最もよく生き，望ましい未来をつくり出す力の基礎を培う場所です。子どもが今を全力で満ち足りた気持ちで過ごす well-being を目指すところです。

　Well-being とは，個人の権利や自己実現が保障され身体的・精神的・社会的に良好な状態にあり充実し満足した生活が送れている状態を指す言葉です。保育実践においては，子どもが，安心して時間を忘れて活き活きと遊びこむ姿に象徴されると思います。

現在は，保育の転換期と言えます。これからの時代に求められるのは，子どもが主体的に行動し，自分の力を存分に発揮しながら仲間とともにより良い生活をつくっていく，well-being を目指す保育です。その保育とはどのようなものなのでしょう。そして，そのような保育を実現するために，保育者はどのような専門性を身に付けていけばよいのでしょうか。

　本書は，保育者を目指しているみなさん，保育に関わるみなさん，そして，子どもの育ちに関心のあるみなさんが，乳幼児の育ちを知り，これからの社会に求められる保育と保育者の姿について学んでいくための入門書になっています。

本書の構成

　最初に，子どもと子どもを取り巻く環境，そして，子どもの育ちを支える社会資源についての全体像を見ていきたいと思います。

　以下が，乳幼児期の子どもの well-being を支える社会資源の全体像を図にしたものです。

　図の中心にいる子どもは，家庭という環境の中で，その誕生から保護者に守られ支えられながら成長していきます。そして，家庭は，社会の中に位置付いていて，さまざまな資源を利用しながら子育てをしていきます。

　図は，「子育て支援」，「医療」，「福祉」，「保育・教育」を大きな柱として，そこに関わる代表的な支援機関を示しています。例えば，右側の「医療」のところにあげた保健所・保健

図表序－1　子どもの Well-being を支える社会資源

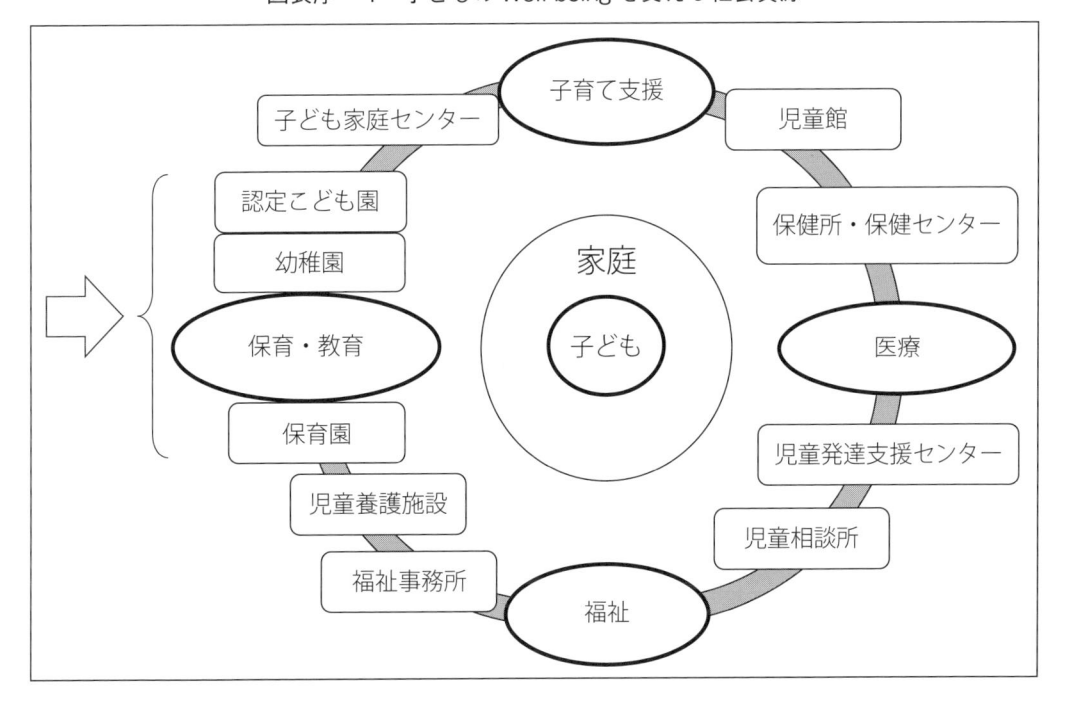

センターでは，乳幼児健診などを通して，誕生から乳幼児期の子どもの健康と成長発達を確認し，保護者の相談を受けたり他機関と連携しながら子どもと保護者に必要な支援を提供していきます。図の上側の「子育て支援」にあげた子ども家庭センターや児童館では，日常の遊び場の提供や，日常的な子育ての悩みや相談を受けることで子育てを援助しています。円の下側にある「福祉」には，子育てに困難を抱える家庭や子どもの障がいなど，家庭と子どもへの福祉的支援を担う機関があります。そして，最後は，左側の「保育・教育」です。保育所，幼稚園，認定こども園など家庭とは別の場所で，集団という形態で就学までの子どもの育ちを援助します。

　本書では，子どもの育ちとその援助に関わる全体像を理解したうえで，「保育・教育」の領域における援助とその専門性について学んでいきます。

　本書は3部から構成されています。

　第1部『赤ちゃんの誕生と私たち』（第1章〜第3章）では，先に示した図の全体像を「発達」の視点から理解していきます。まず，第1章では，図の中心にある子どもと家族に焦点をあて，赤ちゃんが家族を中心とした周囲の大人との関係の中でどのように育っていくか，そして，その過程で周囲の大人たちも共に発達していくことを学びます。第2章では，赤ちゃんの誕生から乳児期に焦点をあてます。具体的には，胎児期から乳児期の子どもの育ちについて，発達と保育という視点から理解していきます。第3章では，家族と家庭への支援，地域とのつながりについて理解します。そして，子育て家庭が地域で安心して生活し，育児できる環境を保障するためのさまざまな支援や取り組みについて学んでいきます。

　第2部『幼児の育ちと援助―遊びを通して育つ子ども―』（第4章〜第9章）では，図の左側の「保育・教育」に焦点をあて，本書のコンセプトである子どもが主体となる保育とそれを実現するための保育者の役割について学んでいきます。

　そこでは，まず保育の構造を理解し，以下の保育の5つの領域に沿った内容と保育者の専門性について学びを深め，保育を多方面から捉える視点を養い保育に関する理解を深めていきます。

　　1．心身の健康に関する領域「健康」
　　2．人との関わりに関する領域「人間関係」
　　3．身近な環境との関わりに関する領域「環境」
　　4．言葉の獲得に関する領域「言葉」
　　5．感情と表現に関する領域「表現」

　第3部『保育の実際』（第10章〜第12章）では，保育実践を学びながら，保育と保育現

場の実際を理解していきます。まず，第10章では，子どもが主体者となる保育の中で，活き活きと成長していく子どもの姿を見ていきます。そして，第11章では，子どもの成長とwell-being を保障するために，保育者が葛藤しながら子どもと共に成長する姿を知り，保育者の学びのプロセスについて理解していきます。最後に第12章では，支援を必要とするさまざまな子どもがいる保育現場の実態を知り，多様性を活かし，どの子も主体者として包摂する保育の可能性を知り，保護者とともに多様な子どもの成長を支える保育者の役割について理解していきます。

　以上，本書では，子どもの成長発達の基本を学んだ上で，保育・教育の領域における子どもの援助と保育について学んでいきます。

　なお，本書では，国家資格を持ち保育園で働く保育士，幼稚園免許を持ち幼稚園で働く教諭（幼稚園教諭），保育士資格と幼稚園教諭免許の両方を持ち，認定こども園で働く保育教諭を総称して「保育者」としています。

（芦澤清音）

本論に入る前に，保育とは何かについての基本事項を共有しておきたいと思います。

保育の基本と形

保育は「保育所や幼稚園，認定こども園などの学校や施設において，専門性を有する保育者が子どもたちとともに展開する営み」とされ，この営みは「養護と教育を一体的に行う」と定められています。

保育を行う場所の中には大きく分けると，保育所，幼稚園，認定こども園がありますが，保育にはさまざまな形があります。下の事例を読んでみてください。

> ### 【夕方からの登園】
>
> 16時過ぎになると保育所の子どもたちが順次降園していきます。子どもたちはお迎えまでの時間，ホールに集まっておもちゃで遊んだり，園庭の遊具で遊んだりしています。次第に一人，また一人と降園していく中，保護者と手をつないだ子どもが保育所の方に向かってきました。

このエピソードに出てくる保護者と保育所に向かう子どもについて，どうして保育所に向かっていたのでしょうか。

実は，この保育所は夜間保育としての機能も持ち合わせた保育所です。昼間は通常の保育所として子どもたちを受け入れ，その子どもたちが降園した後に再び夜間保育所として開所します。夕方に登園した子どもたちは夕食をとり，入浴し，就寝後に保護者に抱えられて降園していくのです。こうした，夜間もやっている保育所は繁華街や大都市を中心に全国で80カ所以上あります。

このように，保育には，様々な形態があります。例えば，保育所の中には地域型保育事業と呼ばれる家庭的保育事業所や小規模保育事業，事業所内保育事業，居宅訪問型保育事業などさまざまな保育の形が存在します。これらの施設は，待機児童の解消を図ることや地域の子育て支援機能を維持・確保することを目指して設置されました。

例えば小規模保育事業では，原則0〜2歳の子どもを対象にしており，定員は6名以上，19名以下で規定されています。

また，家庭的保育事業所は，保育者の居宅，その他の場所で行われ，定員が最大5名までの小規模の異年齢保育です。つまり，必要な環境さえ整えることができれば自宅を保育施設とすることもできるもので，保護者の多様なライフスタイルに合わせた保育の形態となっています。

事業所内保育事業は，病院や役所，大学などの中に設置され，主にそこで働く職員の子ど

図表序－2　地域型保育事業の4つの類型

小規模
保育事業

事業主体	市町村，民間事業者等
保育実施場所等	保育者の居宅，その他の場所，施設
認可定員	6～19人

家庭的
保育事業

事業主体	市町村，民間事業者等
保育実施場所等	保育者の居宅，その他の場所，施設
認可定員	1～5人

事業所内
保育事業

| 事業主体 | 事業主等 |
| 保育実施場所等 | 事業所の従業員の子ども＋
地域の保育を必要とする子ども（地域枠） |

居宅訪問型
保育事業

| 事業主体 | 市町村，民間事業者等 |
| 保育実施場所等 | 保育を必要とする子どもの居宅 |

（出所）こども家庭庁HP　子ども・子育て支援新制度ハンドブックより

もが通園する施設です。職場の中に保育所があることで，送り迎えがスムーズになるとともに，子どもの急な病気などの際にも保護者が早急に対応できるようになりました。

そして，居宅訪問型保育事業は，保育を必要とする子どもの自宅を訪問して保育を行うもので，いわゆるベビーシッターの制度です。

こうした多種多様な施設の中で保育者は，自らの専門性を活かして日々の保育を行っています。もちろん，保育の形がこれだけ多岐にわたることで，その分さまざまな知識や技術が必要とされますが，近年のライフスタイルや働き方の多様化の中で，未来を担う子どもたちの大切な幼児期の育ちを支え，その時期に保育を必要とする子どもと保護者のニーズに応えることは，保育者にとってのやりがいの一つになるのではないでしょうか。

前述したように，「保育は養護と教育を一体的に行う」とされています。具体的にいうと，

保育者が子どもを一人の人間として尊重し，その命を守り，情緒の安定を図りつつ，乳幼児期にふさわしい経験が積み重ねられていくよう丁寧に援助することを指しています。

　保育所，幼稚園，認定こども園で行われる保育の内容は統一されていて，保育所，幼稚園などの違いに関係なく，幼児期に育てたい子ども像や経験してほしいことなどの目標は共通しています。そのため，保育を行う上では保育所であっても幼稚園であっても，養護も教育も共に含んだ保育を展開していくことが求められています。

　養護に関しては，特に具体的にはどのような視点であるのかイメージが付きにくい人もいるかと思いますが，子どもの命や健康に関わる観点と，子どもの心の安定や安らぎに関わる観点が定められています。例えば「暑くなったら薄着になる」や「汗をかいたら着替える」，「ご飯を自分で食べる」，「鼻水がでたらティッシュで拭く」，「排せつをしたくなったらトイレに行く」といった日常生活の上で必要な生活面の自立，「子どもの気持ちを受け止める」や「ありのままの自分でいることを認める」，「言葉にできない思いを感じ取る」，「うなずいたりスキンシップを取ったりする」などの子どもの心や思いの安定などに当たります。こうした養護に関する観点を見ると，普段の保育場面において養護と教育を意識的に区別しながら行うというよりも，子どもの主体性を大切にし，一人ひとりの最善の利益を考えながら育ちを支えていく保育であれば，自然と養護と教育が一体的に行われていると考えることができるでしょう。

（仁科伍浩）

引用文献

　こども家庭庁 HP　子ども・子育て支援新制度ハンドブック（平成 27 年 7 月改訂版）
　　https://www.cfa.go.jp/assets/contents/node/basic_page/field_ref_resources/c47709ef-8880-42e6-bb7e-9818b6b728c5/bfac7099/20230929_policies_kokoseido_jigyousha_40.pdf

第**1**部

赤ちゃんの誕生と私たち

第1章 「発達」という視点から捉える

本章で学ぶこと

　本章では「発達」という視点から，赤ちゃんが周囲の大人との関係性の中でどのように育っていくのかを見ていきます。そこでは，赤ちゃんが生まれながらに持っている人と関わる力が周囲の大人によって引き出され，そこで築かれる安心感や信頼感が土台となり，子どもは社会で生きていくために必要な力を身に付けて行きます。同時に親も保育者も，子どもを理解し寄り添う過程で発達していきます。こうした子どもも大人も共に発達過程にあるという生涯発達観に基づいて，子どもと大人の双方の well-being，そして保育について考えていきましょう。

▶▶▶ キーワード：発達，生涯にわたる変化，育ち合い，人と関わる力，子ども理解

第1節　発達とは何だろう？

1．「生涯発達」という考え方

　「発達」とは何でしょうか？　大学の授業でこの質問をすると，「身体が大きくなる」「できなかったことができるようになる」など，子どもが大人になる道筋をイメージした回答が多く返ってきます。こうした進化論的な考え方から発達を捉える時代もありましたが，今日の心理学においては，人は誕生から死までの生涯にわたって発達し続ける存在として「生涯発達」という考え方をします。つまり受精に始まる胎児期から死に至るまでの心身の変化が

受精　胎児　　乳児　幼児　児童　青年　成人　老年　死

発達ですから，私たちはみな発達の途上にあるのです。ここでいう心身の変化とは，身長や体重などの生物学的な量的変化と心と体の機能に関わる質的変化の両面を含みます。本テキストではこうした発達観に基づいて，私たちの育ち，そして保育を考えていきます。

　発達の過程では「獲得」と「喪失」の2つの方向の変化があります。赤ちゃんでも身体が大きくなったり，できることが増えるなどの「獲得」ばかりでなく「喪失」があります。新生児期には，口に何かが触れるとそれを吸おうとしたり（吸啜反射），手のひらに刺激を与えるとぎゅっと握りしめる（把握反射）などの原始反射と呼ばれる独特の運動パターンがあります。しかしそれらはしばらくすると自然に消えていきます。そして，原始反射の「喪失」を経て自分の感覚に基づいて対象と関われるようになっていくのです。次に，加齢に伴う変化を考えてみましょう。シニア世代になると記憶力が低下する，身体が弱ってくるなどの現象はイメージしやすいでしょう。こうした「喪失」の一方で，年齢を重ねることで豊かな経験や知恵などの「獲得」もあります。このように，人生のどの時期においても「獲得」と「喪失」の両方向の変化が起こっているのです。

　これらの生涯にわたる変化を規定する要因には「遺伝」と「環境」があります。「遺伝」は生物学的に受け継がれるものであり，「環境」は個人をとりまく人，物，社会，文化などからなり，「発達」はこの両方が作用しあいもたらされます。そこで，次に人の発達に影響を与える「環境」について考えてみましょう。

2．発達を規定する要因としての環境〜他者との関わり〜

　エリクソン（Erikson, E. H.）は，生涯にわたる変化を「心理・社会的発達」として，個体の変化だけではなく社会との関わり，つまり環境としての「他者との関わり」から捉えました。そして，人生の周期（ライフサイクル）を8段階に区分して，次のように各段階で達成される課題とそれが達成されなかった場合の状態を対比させて示しました。また，発達段階ごとの危機の乗り越え方がその後の発達に影響を及ぼし，対で示された項目のうち，ポジティブな方がネガティブな方を上回るようなバランスが保てることで社会に適応した発達を遂げることができると考えました。

　①乳 児 期：基本的信頼 対 基本的不信

　②幼児前期：自律 対 恥と疑惑

　③幼児後期：自発性 対 罪悪感

　④学 童 期：勤勉 対 劣等感

　⑤青 年 期：同一性 対 役割の混乱

　⑥成人前期：親密さ 対 孤立

　⑦成 人 期：生殖性 対 停滞

　⑧老 年 期：自我の統合 対 絶望

第 1 段階の「基本的信頼」とは，赤ちゃんが養育者やその代わりとなる人から受け入れられ，困った時には必ず助けてもらえるという経験を通して得る信頼感をさします。また，このような関係性の中で「自分はできる」という自信が育まれることが自分への信頼感につながる意味でも大切です。この時期に獲得する信頼感は，それ以降に関わる人に抱く信頼感の基礎となるため「基本的」と付けられています。第 2 段階の「自律」とは，自分の意思で自己を統制しようとすることですが，その一方で養育者などによるしつけとぶつかることがあります。そのバランスがうまくいかないと，自分を恥じたり自分に疑惑を感じる可能性があります。第 3 段階の「自発性」とは，自分で目的を持って活動することですが，同じように他児も自発的な動きをする中で衝突することがあり，その過程で罪悪感を抱くことがあります。このような幼児期の発達とその援助については，第 2 部「幼児の育ちと援助」で詳しく学びます。

第 4 段階の「勤勉」とは，身体的，社会的，知的な能力を培い，学ぶ喜びを持って取り組むことで，第 5 段階の課題である「同一性（アイデンティティ）」は，他者とは違う自分であり，過去の自分も現在の自分も未来の自分も自分であるという連続性を持つことをさします。大学生の多くはこの段階にあり，卒業後に社会でどう生きていくかを考える上で，この「自分は自分である」という感覚を持つことは，その後の発達の道筋を左右する重要な意味を持ちます。また，第 6 段階の「親密さ」とは，さまざまな対人関係において相互性を体験して親密な関係を築くことで，第 7 段階の課題である「生殖性」では，子どもや次の時代を担う世代を育てることで自分を次世代に継承していくことが重要となります。「育児は育自」と言われるように，誰でもはじめは子育ての初心者であり，子育て経験を通して親自身も発達していきます。このように，親も保育者も子どもとの育ち合いの中で変化しつづける存在と言えるのではないでしょうか。そして，第 8 段階の「自我の統合」では，自分の唯一の人生をあるべき人生だったと受け入れていくことが課題となります。

こうして見ていくと，保育の対象となる子どもだけでなく，私たち一人ひとりも「過去 - 現在 - 未来」の時間軸の中でその時々に課題があり，「他者との関わり」の中で発達していくことがわかります。

3．多様な水準からなる環境

ブロンフェンブレンナー（Bronfenbrenner, U.）は，子どもの発達に影響を与えるさまざまな環境を 4 つの水準から捉える生態系モデルを示しました。

①マイクロシステム：子どもが直接関わりを持つ人や物などです。親やきょうだい，保育者や友だちなどと子どもとの相互作用が発達に影響します。

②メゾシステム：「家庭と保育所」など，子どもが関わる複数のマイクロシステム間の関係が子どもの発達に影響します。

③エクソシステム：親の職場など，間接的ではありますが子どもの発達に影響を与える環境です。

④マクロシステム：子どもが暮らす社会のあり方・文化的状況など，より広い視点に立った環境も子どもの発達に影響を与えます。

ひと言で環境と言ってもこのような多くの水準からなり，これらが子どもの発達に影響を与えています。保育においては，子どもを取り巻く状況を広く捉えて一人ひとりを理解するとともに，よりよい環境を作り出していくことがとても大切になります。

第2節　赤ちゃんはやる気まんまん
～大きくなりたい！ヒトが大好き！～

赤ちゃんは環境としての人との関係性の中でどのように変化していくのでしょうか。本節では乳児期を中心に初期の発達から考えてみましょう。

1．一生のうちで一番のスピードで大きくなる
＜誕生時の赤ちゃんの身長と体重はどのくらいでしょう？＞

人間の赤ちゃんは他の哺乳類に比べてとても未熟な状態で生まれてきます。馬や牛は生まれて数時間で立って，自分から母乳を飲みに行く様子を見たことがあるのではないでしょうか。ところが人間の赤ちゃんは立って歩くことも自分で栄養をとることもできません。歩けるようになるには約1年かかります。このように本来ならもう少し長く母胎内にとどまるところを早く未熟な状態で生まれてくることを，ポルトマン（Portmann, A.）は「生理的早産」と呼びました。では，なぜ人間は生理的早産なのでしょう。人間の赤ちゃんはあと1年待つと脳が大きく成長してお母さんの骨盤を通れなくなってしまうのです。そこで，妊娠期間は「十月十日（とつきとおか）」と言われているように約10カ月間で，頭が骨盤を通れるうちに出産を迎えます。

こうして誕生した赤ちゃんの身長は約50cm，体重は約3,000gです。その後1歳になる頃には，身長は75cm程度に，体重は9kg近くまで増えます。誕生してからの1年間は最も身体の発達が著しい時期で，一生の間に1年間で身長が1.5倍も伸び，体重が3倍になることはこの時期を除いてほぼありません。このように健やかに育つには，安全・衛生・栄養などを守り大切に育ててくれる養育者の存在が不可欠です。そうした周囲との関わりの中で，身体とともに心も大きく育っていきます。

2．人と関わる力を持っている

　生まれたばかりの赤ちゃんがまどろんでいるときに微笑んでいるように見えることがあります。これは「生理的微笑」と呼ばれ，顔の筋肉がゆるむことで生理的に起こる新生児特有の反応です。養育者にとっては赤ちゃんが微笑む様子はたまらなく可愛く，言葉をかけたり，微笑み返したくなるなど，「生理的微笑」は大人からの応答的な働きかけを促していきます。

　生まれて間もない新生児は視線が定まらず，視力も弱いので，ごく近い人やものを短時間ぼんやりと見ることしかできません。しかし，ファンツ（Fantz, R. L.）による選好注視法と呼ばれる実験で，生後数日しか経っていない赤ちゃんに人間の顔とそれ以外の模様を見せたところ，人間の顔を好んで見ることがわかりました。このように赤ちゃんは生まれながらにして人に関心があるのです。そして，生後3〜4週間頃には自分に話しかける人の顔を見つめるようになります。また，2〜3か月頃になると養育者があやしたり，笑いかけたりするのに応えて微笑むようになります。これは先述した新生児特有の「生理的微笑」が消失したのち，他者との関わりの中で楽しい，嬉しいなどの感情を伴って表れるので「社会的微笑」と呼ばれます。生理的早産で生まれてくる赤ちゃんには養育者が授乳やおむつ替えなどのさまざまな世話をする必要があり，両者の間に緊密な関係が生まれます。そこでの養育者による応答的な関わりによって赤ちゃんが生得的に持っている「人と関わる力」は引き出され，その過程で養育者との情緒的な絆が形成されていきます。

　8か月頃になると，養育者とそうでない人を区別する反応，いわゆる「人見知り」が始まります。養育者の姿が見えなくなると不安になって泣いたり後追いをするなど，養育者は赤ちゃんと一時も離れられなくなり，負担が増すこともあります。しかし，これは養育者と赤ちゃんとの間に情緒的な絆が形成された証であり，それまで大切に育ててきたことの成果とも言えます。この情緒的な絆をよりどころにして赤ちゃんは世界を広げていきます。

　言葉の発達から考えてみましょう。言葉が話せるようになるのは1歳前後ですが，話せるようになるにはそれ以前のコミュニケーションがとても大切です。なぜなら私たちはまず最初にコミュニケーションの道具として言葉を獲得するからです。赤ちゃんが生まれながらに持っている「人への関心」に養育者が応え，安心感と信頼関係のもとでコミュニケーションは育まれます。そして，養育者が赤ちゃんの気持ちを代弁したり，語りかけるなどのやりとりを通して，赤ちゃんはその言葉を耳で聞き，その意味を少しずつ理解していきます。その過程で，自分からも伝えたいという気持ちが育ち，そこに言葉をのせて発するようになるのが1歳前後なのです。このように相手と気持ちが通い合い，大好きな相手とやりとりをしたいという気持ちが育つことが，言葉の発達において重要です。こうした赤ちゃんの発達を学ぶと，学生からは「乳児は未熟だとずっと思っていたがそうではなく，自分のできる範囲で思いを伝えようとしていて，それがその後の発達につながることが理解できました」「赤ちゃんの行動には一つひとつ意味があることが分かったので，これから関わる機会があった

ら行動を注意深く見てみようと思います」などのコメントが寄せられます。赤ちゃんの側に立って「赤ちゃんが見ている世界」を感じることが子ども理解の第一歩となるでしょう。

第3節　自分を感じることから始まる～社会性の発達～

　2節で述べたように，子どもは養育者との間に築かれた安心感や信頼感を土台に世界を広げていくと同時に，社会で生きていくために必要な力も身につけていきます。本節では他者と共に生きる力がどのように育つのか，「社会性の発達」という視点から考えてみましょう。

1．自分を感じる，他者を感じる

　生後3か月頃になるとグーで握った自分の手をじっと見つめる様子が見られるようになります。これは赤ちゃんが自分の身体に気づき始め，確認していると考えられます。その後，自分の身体を触った時には同時に触られる感覚があるのに，他のものに触った時にはそのような感覚がないことから，自分とそうではないものの区別がつくようになっていきます。そして，養育者から声をかけられたりあやしてもらう中で，他者への認識も芽生えることで1対1のやりとりができるようになります。そこでは，養育者と微笑み合う，おもちゃに注意を向けるなど，「自分と他者」「自分ともの」との関わりである「二項関係」が成立します。

　9か月頃になると，養育者が指さしたものを一緒に見るなど，自分と他者との関係の中で対象を認識できるようになります。これは，人と人との間に事物を介したやりとりに発展するので「三項関係」と呼ばれます。そこでは，単に相手と同じものを見るだけではなく，対象に向けられた相手の意図を読み取ることができるようになる点に重要な意味があります。なぜなら，相手が何に注意や関心を向けているかという目には見えないものに気づくようになることは，生きていくうえでとても大切な力だからです。また，この頃には例えば，初めて見るおもちゃに対して，養育者の顔を見て触ってもよいのかどうかを確かめるようなしぐさをします。このように信頼できる他者の表情を手がかりにして自分の行動を調整することを「社会的参照」といい，その後の対人関係の基礎となります。

2．自分を表現する

　1歳半から2歳頃には，鏡に映った像は自分であることを認識できるようになります。この頃から子どもは他者と異なる自分を意識するようになり，「自分でやりたい」「これはいやだ」など，自分の気持ちを表現する「自己主張」が強くなります。「第一反抗期」とも呼ばれる，いわゆるイヤイヤ期です。反抗という言葉で表現されますが，子どもは養育者に反抗する気持ちで行動しているのではなく，自分の思いを主張できるようになったのであり，子どもの発達においてとても大切です。また，自己主張ができるということは自分の気持ちを自由に

表現できる環境にあるという点でも重要です。

　この時期には自分の自己主張が他児の自己主張とぶつかることもあり，いざこざは社会性の発達に欠かせません。例えばおもちゃの取り合いで悔しさや悲しさを体験することが，自他の区別や他児の思いに気づくきっかけになるのです。

3．他者の思いに気づく

　保育所などでの集団生活では，相手とぶつかることで他児にも同じように気持ちがあることに気づき，それにより自分の気持ちを優先するのか，相手の気持ちを優先するのかという葛藤を体験します。その過程で，相手にゆずったり，折り合いをつけるなど，自分の気持ちを調整することができるようになっていきます。そこでは子どもの葛藤に寄り添い，子どもの気持ちに真剣に向き合う保育者の役割はとても大きく重要です。それは，子ども自身が保育者に受け入れられ理解される体験が，他児を受け入れ理解することにつながるからです。このように，活き活きと遊びこみ自己活動を充実させる中で他児の存在や気持ちと出会い，他者と共に生きる力が育まれていくのです。

第4節　考えずにはいられない〜もっと知りたい！　わかりたい！〜

　次に示すのは3歳の子どもたちの生活の中でのエピソードです。そこには，どのような姿が示されているでしょうか，考えてみましょう。

エピソード1

「ここ，とぶくろ，はさまれちゃうんだね」

　ケンタがお父さんと一緒に電車に乗ってきた時のことです。
　ケンタはピョンピョン飛び跳ねながらキョロキョロと車内を見回しています[1]。そしてドアに貼ってある注意書きに目をとめました。そこには，「引き込まれないようご注意ください」という表示と一緒に，手を挟まれて怪我をしたクマのイラストが添えられています。ケンタはイラストをじーっと見つめた[2]あと，お父さんに「はさまれちゃうんだね，ドアのここ」と言いながら，左右のドアが合わさる開閉部分を指でさしました。すると，お父さんは「そうだよ，はさまれると危ないね。でもそこじゃないよ，戸袋のここだよ」と言ってドアを引き込む部分を指でさしました。するとケンタはおそるおそる戸袋を触りながら「ここ，とぶくろ，はさまれちゃうんだね」と言ってお父さんの目を見ました[3]。

下線部①②③の場面において，ケンタはどのような気持ちでしょうか？
ケンタの「心の声」を想像してみましょう。

エピソード２

「きおう…？　きおうし…？」

　モモカに，保育者が絵本を読んでいた時のことです。
　ある場面で主人公が驚いて「失神する」という表現が出てきました。保育者がそのまま読むと，モモカは「『しっしん』ってなぁに？」と聞いてきました①。そこで，保育者は「そうねぇ，びっくりして『気を失う』ってことかしら」と応えると，モモカは「きおう…？」「きおうし…？」とつぶやき始めました②。

下線部①②の場面において，モモカはどのような気持ちでしょうか？
モモカの「心の声」を想像してみましょう。

エピソード①「ここ，とぶくろ，はさまれちゃうんだね」では，①ケンタが電車に乗ってワクワクする気持ちや何か面白い物はないかな？　など興味津々な様子，②目にとまった注意書きのイラストを見て，それまでの生活の中で出会った「はさまれる」がこの場面にも使えるかな？　と想像する様子が見られますね。そして，このことをお父さんに確かめながら，③「とぶくろ」という新しい言葉も知ったようです。

エピソード②「きおう…？　きおうし…？」では，①モモカが初めて出会った「しっしん」という言葉の意味を知りたい気持ち，②保育者が説明した「気を失う（きをうしなう）」という言葉も初めてで，どこで区切ったらよいのか，頭をフル回転させてありったけの知識に関連づけながら考えて，「うし」の部分を拾って牛の仲間も連想した様子が窺われます。

　これらのエピソードには，子どもが主体的に世界を知ろうとする「考えずにはいられない」姿が示されているのではないでしょうか。このように，子どもは日々出会う事柄に思考をめぐらしています。人間は本来，何かに面白みを感じ，それに取り組む中で自分の可能性を見出しながらよりよく生きようとする存在といわれます。子どもの「もっと知りたい，わかりたい」姿には，まさにこのことが映し出されています。そこでは，周囲の大人が子どもの目線に立って子どもが見ている世界を感じることが大切です。そして，その思いに耳を傾けて

一緒に考え，楽しむ姿勢が子どもの心を育てると同時に，子どもの well-being に繋がるのではないでしょうか。

第5節　発達を理解することの意義

　本章では「発達」という視点から，周囲の大人との関わりの中で子どもが育つ姿を見てきました。このような発達の理解は保育を学ぶうえでなぜ必要なのでしょうか。最後に発達を理解することの意義について考えてみましょう。

1．それぞれの時期の特徴を知る

　まず，子どもの発達を理解することで，各々の時期の特徴を知ることができます。乳幼児期は発達の個人差が大きい点を踏まえなければなりませんが，基本となる特徴を押さえておくことで，一人ひとりに大切なこと，配慮する点を見出すことが可能になります。つまり，一人ひとりの子どもの側に立って，その子の育ちを理解するために発達の基本を押さえることが必要なのです。

　例えば，初めて意味のある言葉を話し始めるのは1歳前後とされますが，1歳を過ぎても言葉を話さない場合，どのように考えたら良いでしょう。2節で学んだように言葉を話せるようになるには，相手に関心を持つ，相手の話す言葉を理解するなどの準備が必要です。そのため，「○○持ってきて」「ごみをポイしてきて」などの言葉がけを理解して，簡単なやりとりが成立しているかを確かめてみましょう。そうした力がついていれば，引き続き日常生活の中で子どもの行動や思いを言葉で代弁したり，子どもにわかりやすい言葉がけをするなどのコミュニケーションを取ることが大切になります。言葉が出てこないと親は心配になりますが，言葉はまず相手とのコミュニケーションの道具として生まれます。したがって，絵カードなどを使って覚えるのではなく，子どもが自分の思いを相手に伝えたいという気持ちが育つような関わりが大切です。このように，発達の道筋を知ることで，今の課題は何かを考えて子どもの側に立った援助が可能になるのです。

2．どう発達していくのか，方向性を知る

　次に，発達を理解することにより，子どもがどう伸びていくのかという方向性の見通しが立ちます。このような発達の方向性を知ることにより，保育の対象となる子どもたちの「これまで」と「これから」という連続性の中で，「今，何が大切か」を見極めていくことが可能になるのです。

　ヴィゴツキー (Vygotsky, L. S.) は，個人の発達には文化・社会的要因の影響が大きいと考え，環境としての他者からの働きかけに着目しました。そして，現時点で「子どもが自分ひとり

ででできる水準」と「保育者の援助や仲間と取り組むことによって可能となる水準」の差を「発達の最近接領域」と呼びました。この「発達の最近接領域」を捉えて，ひとりでできるようになるきっかけを与えるような工夫をすることが大切です。例えば，食べ物をフォークで刺すのがまだ難しい幼児には，あらかじめフォークに刺しておくことで口に運びやすくなるでしょう。それにより幼児は自分でフォークを使って食べられたことに満足し，またうまくできた喜びを養育者と共有することで，フォークを使う意欲は高まります。このように，子どもが自分の機能を試し，確かめ，できたことを喜ぶとともに，他者に認められ，充実感を味わう経験が子どもの発達においてはとても大切です。こうした援助をするためにも，子どもの発達の方向性を知ることは重要になります。そこでは，できる・できないの評価ではなく，子どもの「やりたい」という気持ちを大切にして寄り添うことで，子どもは「自分は大切にされている」「できるようになったことを共に喜んでくれる人がいる」と感じます。このように受容され，認められる体験が子どもの自己肯定感を高め，生きる力の根っこになるのです。

3. 保護者に子どもの発達の道筋を伝える

　1節で述べたように誰でも最初は子育ての初心者であり，子育ての経験を通して親として発達していきます。例えば，3節で触れたイヤイヤ期では，どの親も対応に手こずります。その一方で，発達の視点から考えると自己主張は重要です。こうした子どもの発達をつかさどるメカニズムを保護者に伝えることも保育者の大切な役割です。保育者の働きかけにより，保護者は発達の道筋を知り，今ある我が子への理解が進むと同時に，親の不安に寄り添うパートナーとして保育者が傍らにいることに安心感が得られるでしょう。また，このように子どもの育ちを共有し，保育者と保護者が同じ方向を向いて目の前の子どもを理解することは，子どもの豊かな育ちにもつながります。

　最後に，「くまのプーさん」の作者 A・A ミルン（周郷博訳）の「六つになった」という詩を紹介します。

　　　一つのときは，なにもかも　はじめてだった。
　　　二つのときは，ぼくは　まるっきり　しんまいだった。
　　　三つのとき，ぼくは　やっと　ぼくになった。
　　　四つのとき，ぼくは　おおきくなりたかった。
　　　五つのときには，なにから　なにまで　おもしろかった。
　　　いまは六つで，ぼくは　ありったけ　おりこうです。
　　　だから，いつまでも　六つでいたいと　ぼくはおもいます。

　　　　　　　　　　　　　　（周郷　博　母ありてこそ（国土社）より引用）

この詩からは子どもの思い，そしてその姿が伝わります。テクノロジーの発展に伴い生活の効率化が進んでいますが，一人ひとりの子どもの育ちにかかる時間とプロセスの効率化は図れません。この発達の過程を一人ひとりがしっかり体験することが，豊かな人格形成の基盤をつくります。同時に，子どもが「大きくなる」過程において，親や保育者は子どもとの関わりを通して自らも生きることになります。発達を「生涯にわたる変化」から総体的にみる視点を持ち，そこから「生きる営み」を考えると，「人って面白いな」だから「いとおしいなぁ」と思えるのではないでしょうか。そうした実感をたくさん積み重ねていきましょう。

　では，次の章では胎児期を経て赤ちゃんがどのように育っていくのか，その不思議をより詳しく見てみましょう。

─(考えてみよう！)───

➡️「私たちはみな発達の途上にある」とはどういうことでしょうか。第1節で学んだ生涯発達という考え方について整理してみましょう。

➡️皆さん自身の乳幼児期の発達について，保護者に母子手帳を見せてもらったり話を聞いたりして調べてみましょう。

[引用文献]

L. S. ヴィゴツキー（柴田義松訳）　1962　思考と言語（上・下）　明治図書

E. H. エリクソン（仁科弥生訳）　1977　幼児期と社会1　みすず書房

周郷　博　1963　母ありてこそ　国土社

Fantz, R. L. 1961 The origins of form perception. Scientific American, 204. pp.66-72.

U. ブロンフェンブレンナー（磯貝芳郎・福富　護訳）　1996　人間発達の生態学：発達心理学への挑戦　川島書店

A. ポルトマン（高木正孝訳）　1961　人間はどこまで動物か　岩波書店

第2章 赤ちゃんの誕生
胎児期～乳児期の子どもの育ち

本章で学ぶこと　前章では，胎児期から老年期までの発達過程（生涯発達）を示すと共に発達の意味について理解しました。この章では，乳児期についてお話します。特にここでは，赤ちゃんが誕生したときから赤ちゃんが存在するのではなく，お母さんのお腹の中にいるときから赤ちゃんの存在があることを理解してほしいと思っています。この章では，胎児期，新生児期，乳児期の子どもの育ちについて発達と保育の2つの視点から考えていきましょう。

▶▶▶ キーワード：胎児，新生児，乳児，発達，関わり

第1節　胎児から新生児の頃

1．赤ちゃんは，お腹の中でどのように過ごしているの？

　みなさんは，赤ちゃんがお腹の中でどのように過ごしているか知っていますか？　赤ちゃんを授かるということは，女性が妊娠し，出産することです。女性のからだから放出されている卵子と男性の精子が受精し着床すると妊娠が成立します。すると，女性の基礎体温は高くなります。

　受精卵は，母親の胎内で細胞分裂を続けます。2か月では，身長 2.5cm，体重 4g ですが，出産間近の 10 か月には身長 50cm，体重 3,000g ～ 3,200g になります（図表 2 － 1　胎児期の発達参照）。

　写真 2 － 1 は，5 週 1 日（22 日目）の様子です。胎児の大きさは，9.6mm です。向かって左側に小さな黒い丸があります。さらに写真 2 － 2 を見ると，胎児が大きくなっています。この写真は，14 週 6 日（90 日目）の写真です。胎児の大きさは，33.1mm です。胎児が，寝ているように見えます。エコーなどを通して胎児の様子を見ると，指をしゃぶったり，おしっこをしたり，あくびをする姿などが見られます。現在は 3D ではなく，4D でお腹の中

●胎児期の発達

　２か月目には耳，目，口などができ，３か月では性別がわかるようになる。４か月で光に反応し，５か月では胎動（たいどう）が始まる。６か月では味覚が発達し，７か月では脳がどんどん大きくなる。８か月では産毛が全身に生え，９か月では皮下脂肪が付く。

◆胎児の発達

		初期		
月		2か月（4〜7週）	3か月（8〜11週）	4か月（12〜15週）
	大きさ	約2.5cm／4g	約9cm／20g	約18cm／120g
胎児の発育	様子	みぞおち おへそ		
	発育	耳・目・口ができる。主要な臓器（心臓／肝臓／胃／腸など）がほぼできあがり，心拍動（しんぱくどう）が始まる。	皮膚はまだ透明だが，胎児の形ができあがる。この時期には，指に水かきが見られる。性の区別ができるようになる。	羊水の中で手足を動かしはじめる。筋肉の発達もさかんで，光にも反応する。触覚の発達も始まる。

		中期		
月		5か月（16〜19週）	6か月（20〜23週）	7か月（24〜27週）
	大きさ	約25cm／250g	約30cm／600〜750g	約35cm／1000〜1200g
胎児の発育	様子	みぞおち おへそ		
	発育	運動が活発になり，胎動を感じるようになる。髪や爪が生え始め，聴覚の発達が始まる。	皮膚は鮮紅色となり，皮脂腺（ひし）が発達する。まつ毛や眉毛が生え始め，味覚の発達が始まる。	脳が発達してくる。皮下脂肪の発達が不十分なため，しわが多い。

		後期		
月		8か月（28〜31週）	9か月（32〜35週）	10か月（36〜39週）
	大きさ	約40cm／1500〜1700g	約45cm／2000〜2300g	約50cm／3000〜3200g
胎児の発育	様子	みぞおち おへそ		
	発育	全身に産毛が生えてくる。万が一早産になっても，この時期以降なら生存可能である。	爪が発達する。皮下脂肪が増加してくるため，しわが少なくなってくる。	爪は指先まで生えそろい，成熟胎児となる。生まれる準備が整う。

＊妊娠期間は，妊娠前の最終月経開始日を0としてカウントする。

（出所）秋田喜代美，伊藤葉子監修　2023　子どもの発達と保育　育つ・育てる・育ち合う　教育図書

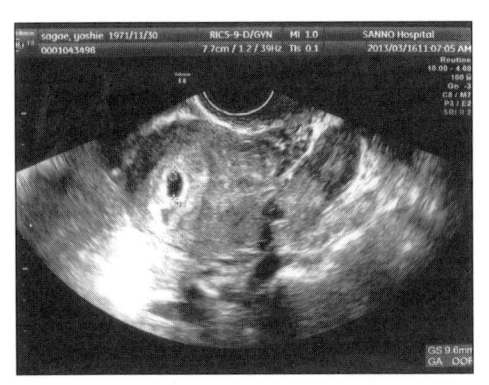

写真 2 － 1

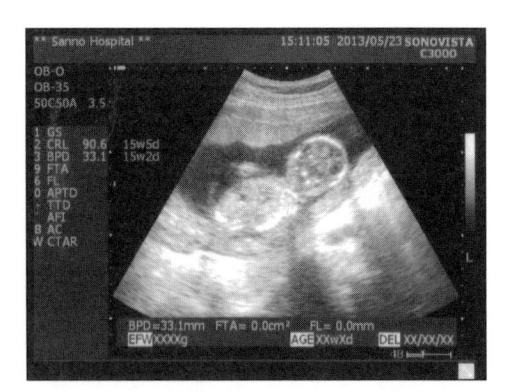

写真 2 － 2

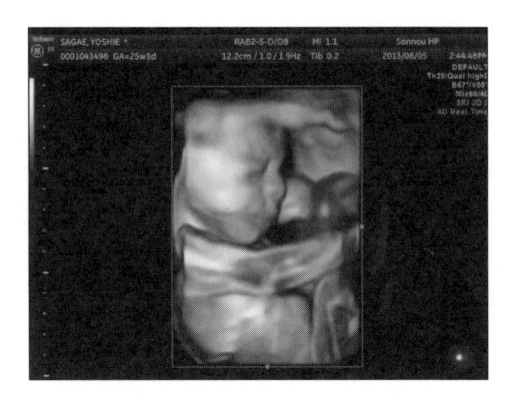

写真 2 － 3

の赤ちゃんの姿を捉えることができるように
なり，胎児が外界に出てくるそのままの
姿を映像で見ることができるようになりま
した。

　写真 2 － 3 は，4D で撮った 7 か月目の
胎児の姿です。赤ちゃんは，子宮の中では
羊水という液体の中で育っていきます。赤
ちゃんは，胎盤を通して酸素や栄養を取
り，老廃物などを受け取ってもらいます。
胎児と胎盤は，臍帯で結ばれています。臍帯は，へその緒とも呼ばれ，母体と胎児をつなぐ
役割をしています。臍帯に含まれている臍帯血は，保存して白血病などの治療に役立てられ
ています。

　胎児は，母体から栄養面だけでなく，さまざまな影響を受けています。母親が，過度な飲
酒や喫煙をすることにより胎児に大きなリスクを与えることもあります。母親は胎児が安
心，安全な環境を作らなければなりません。それには，母親だけでなく，パートナーをはじ
め，周りの人たちとの協力も大切になってきます。

　赤ちゃんは，胎内にいる間にさまざまな器官が形成されていきます。特に，その時期に発
達しないと誕生後の能力を獲得できないという大切な時期があります。この時期を「臨界期
（感受期）」といいます。臨界期に何かの障がいが生じた場合には，その器官に異常が生じます。
例えば，妊娠初期に風疹にかかると，胎児に心臓の異常や聴覚障がいが起こりやすいです。

2．赤ちゃんは，お腹の中でどれぐらい過ごしているのか知っている？

　赤ちゃんは，10 か月の間，母胎に守られ発達しています。図表 2 － 1 の 10 か月目を見て
みましょう。赤ちゃんは，母親のお腹の中で身動きができないくらいの大きさになっていま

す。山内逸郎は，この姿を次のように表現しています。「…そして最後の腹圧でしぼり出すように，全身が出てくる・一瞬，空虚をつかむ。胸をいっぱいに広げてもがく。顔をしかめてしゃくり上げながら，息を大きく吸い込む…。初めての息だ！　次の瞬間それを吐き出す。その時強い声が上がる。生まれたのだ。さあ呼吸するのだ。生きるのだ！　誰の目にも安堵と満足…。」私たちは，出産という言葉を聞くと母親側から考えてしまいがちですが，母体にとってだけでなく，胎児はさまざまな試練を乗り越え，新生児としてこの世に生まれ出てきます。

誕生して間もない赤ちゃんは，新生児と呼ばれます。みなさんは，新生児と聞いた際，どのくらいの期間を新生児と呼ばれているか知っていますか？　新生児とは，出産後 28 日（生後 4 週まで）を経過しない乳児を指します（「母子保健法」第 6 条）（写真 2 － 4）。WHO では，この時期を生後 4 週間としています。新生児期は，体内環境から体外環境に慣れるようにするため，特に配慮が必要な時期です。

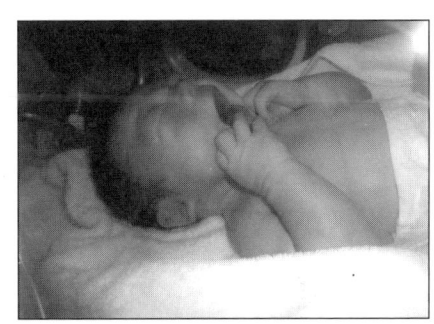

写真 2 － 4

さまざまな身体的生理的特徴を理解して対応する必要があります。体内で羊水に浮かび，臍帯を通して栄養源を取っていた胎児は，出生後は口から栄養源をとり（経口栄養），肺呼吸，胎外排泄，体温調節など，すべて自分の機能で行うことになります。この急激な変化の中で，出生後は体重が 5 ～ 20% 減少します。これを生理的体重減少と言います。その後，環境に慣れると哺乳量が増えることから回復し，生後 7 ～ 10 日頃までには出生時の体重に戻り，体重増加の方向へ進みます。また，生後 2 ～ 3 日頃から皮膚が黄色になる生理的黄疸もみられますが，10 日～ 2 週間くらいで消えていきます。赤ちゃんの「おぎゃー」という叫びは，胎呼吸から肺呼吸へと切り替わる際に出る生理的な音声です。

胎内から出てきた赤ちゃんは，無力ではかなげだといわれていますが，近年の研究では多くの力を備えていることが確認されています。それは，決して受け身ではなく，生まれてすぐに視覚，聴覚，嗅覚，触覚などの感覚器官を通して，外の世界を感じ取っていることがわかってきました。さらに，生後 6 か月までは母体の免疫に守られているため，感染症に罹患することの少ない時期です。しかし，胎内と外界の環境の変化が大きく，外界に適応するための身体の機能は未熟な点が多いことからも，大人の手助けが必要なのです。

第 2 節　乳児の身体と生活

本章では，乳児期についてお話しています。乳児とは，「児童福祉法」で満 1 歳に満たない者とされていますが，保育所においては 0 歳児から 2 歳児の子どもたちを乳児と呼ぶこ

とが多くあります。そのため，本章では0歳児から2歳児までの3歳未満児を乳児と捉えます。「児童福祉法」による満1歳児未満の子どもについては，0歳児と称することにします。

1．運動機能の発達
（1）横になっていた赤ちゃんが縦になる
　乳幼児は，一生の中で一番発達する時期です。みなさん，誕生した赤ちゃんを思い出してみましょう。母親のお腹の中から出てきた赤ちゃんは，寝ている状態です。その赤ちゃんも1年経つ間に立てるようになり，歩くまでになります。第1章でも書いてありましたが，ここでは身長や体重などからだの形や大きさ（形態）の変化と心やからだの働き（機能）の変化の双方を発達と捉えます。

　発達は，子どもによって速度が異なることがありますが，一定の方向に従って進んでいきます。運動機能で考えてみると，首がすわる → 寝返りをうつ → はいはい → つかまり立ち → 歩くという順序性があります（図表2－2　子どもの運動機能の発達）。このように，発達は決まった方向への連続した過程はありますが，身体の部位や臓器の種類などにより発育状況が異なります。

　発達の進む速度には，個人差があります。同じ月齢，同じ年齢であっても発達の進みが異なります。例えば，一般的には1歳で歩くといわれていますが，10か月頃に歩く子どももいれば，1歳を過ぎてから歩く子どももいます。子どもの発達を理解している母親であっても我が子が歩く時期になっても歩かなかったときには，表面的には発達には個人差があると言いつつも，内心はなぜ歩かないのかな？　と心配し，育児書を開くなどという経験をすることも少なくないでしょう。

（2）どうして，赤ちゃんの頭の上を触ってはいけないの？
　特に赤ちゃんの頭部は大切です。みなさんは，この時期の赤ちゃんの頭を触ったことがありますか？　頭を軽く押さえるとペコペコしていることがあります。なぜでしょう？　新生児の頭の骨には，泉門とよばれる隙間が開いています。この隙間があることで頭の形が変わり，狭い産道を通ることができるようになっています。しかし，この隙間は生後1歳半頃になると閉じます。そのため，赤ちゃんの頭を触ってはいけないのです。未成熟であるということは，前章のポルトマン（Portmann, A.）の「生理的早産」と関係します。

2．生理的特徴
（1）産声は，赤ちゃんの呼吸？
　乳児は，年齢が低いほど新陳代謝が盛んです。この時期は，体温調節などの機能が未発達であり，呼吸数や脈拍数（心拍数）は多く，体温は高いです。新生児のところでも述べまし

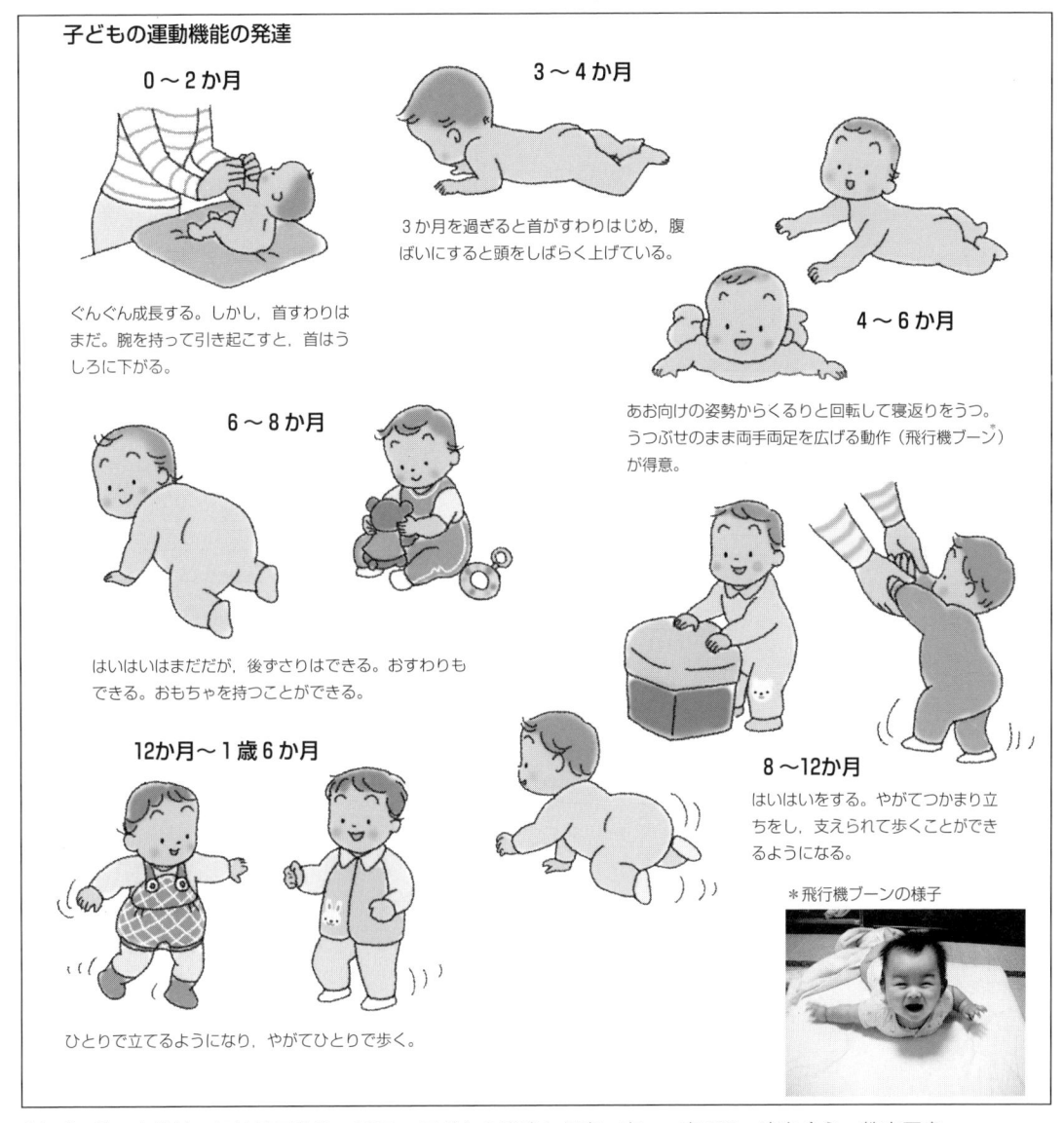

子どもの運動機能の発達

0～2か月

ぐんぐん成長する。しかし，首すわりはまだ。腕を持って引き起こすと，首はうしろに下がる。

3～4か月

3か月を過ぎると首がすわりはじめ，腹ばいにすると頭をしばらく上げている。

4～6か月

あお向けの姿勢からくるりと回転して寝返りをうつ。うつぶせのまま両手両足を広げる動作（飛行機ブーン）が得意。

6～8か月

はいはいはまだだが，後ずさりはできる。おすわりもできる。おもちゃを持つことができる。

8～12か月

はいはいをする。やがてつかまり立ちをし，支えられて歩くことができるようになる。

12か月～1歳6か月

ひとりで立てるようになり，やがてひとりで歩く。

＊飛行機ブーンの様子

（出所）秋田喜代美，伊藤葉子監修　2023　子どもの発達と保育　育つ・育てる・育ち合う　教育図書

　たが，胎児は胎盤を通して酸素や栄養素を吸収していますが，新生児になると肺呼吸を始めます。これが，一般的に産声といわれています。新生児と乳児の呼吸は腹式呼吸といわれ，幼児期になると胸式呼吸ができるようになってきます。

　先ほど，乳児の体温は高いとお話しました。乳児の体温は，1日の中で大きな変動があります。一般的には，起床前が最も低く，徐々に体温が上昇し，午後が最も高くなり，就寝前になるとまた低くなります。乳児は，熱があると目がうるみ，ぐったりするため，体温が平熱よりも上回っているということがわかりますが，保育所などでは保育者が朝の登園の際，

乳児と手をつなぐことが多いです。これは，その乳児と保育室まで一緒に行くという目的もありますが，乳児の手を握ることでその乳児の体温を確認するという意味があります。

（2）お食い初めの頃に歯が生えるよ

　乳児の消化・吸収について考えてみましょう。新生児の口腔は，哺乳することが容易になっています。やがて，生後半年頃になると咀嚼運動が可能になり離乳食が始まります。ちょうどこの時期，「お食い初め」という行事を行う家庭もあります。これは，生後4か月頃（約120日目）の乳児が大人と同じ食事を食します。このときのご飯は，ドロドロのお粥であり，モグモグ食べることはありませんが，この時期になると歯が生えてくる乳児たちも見られ，離乳食が始まるのです。乳歯の数が増えてくることにより1〜2歳では，固形物を食べることができるようになってきます。昔から行われている赤ちゃんのお祝いには，一つずつ意味があり，お祝いは赤ちゃんの発達とも関係していることを理解することができます。

（3）げっぷは，どうしてするの？

　赤ちゃんは成長する一方で胃の筋肉が十分形成されていないことから，胃の入り口（噴門部）が上手く機能していません。そのことが理由で授乳後に吐いたり（吐乳），胃からあふれ出した乳汁が口の中から少し出てくる（溢乳）ことがあります。胃の容積も新生児から1歳頃には，徐々に大きくなっていきます。赤ちゃんは，授乳後にげっぷをします。それは，なぜでしょう？　赤ちゃんは，ミルクを飲むと共に空気まで飲み込んでしまいます。そのまま，赤ちゃんを寝かしつけるとお腹がいっぱいのため吐いてしまいます。そのため，背中を軽くたたき排気（げっぷ）をさせます。赤ちゃんは授乳の際，かなりしっかり母親の乳首を吸っています。飲み終わったときには，赤ちゃんの口角と乳房の間に指を入れ空気を入れてから離すようにすると良いです。

　乳児の排泄，特に便は変化していきます。出生後2〜3日は，胎便といって黒い粘りのある便を出します。生後3〜4日後になると移行便といって緑色の便になっていきます。その後，乳便といって黄色味がかった便を出します。これは，胆汁の色素成分であるビリルビンが含まれているからです。時には，緑色になることもあります。離乳食が始まり，成人と同じ食物を摂るようになると黄褐色になります。乳児の便は，成人の便と異なり水様，泥状便のことが多いです。色は，黄，緑，茶色などが正常とされています。

（4）赤ちゃんは，夜型？

　新生児は，3〜4時間の授乳リズムで寝たり起きたりして過ごしています。昼夜の区別があまりありません。出産した母親は，3週目ぐらいになると心身共に疲れてきます。

　出産後の母親の体調を考えてみると，1週目は病院にて出産し気も張っている時期，2週

目は実家（自宅）へ戻った1週目にあたるため気も張っている時期，3週目になると実家（自宅）に滞在して2週目になります。すると緊張していたはずの気持ちが徐々に緩み，疲れが出てくる頃になります。このような時期になると，母親は夜の授乳が辛くなってくることもあります。添い寝している母親は，新生児が起きずに寝続けて欲しいなどとついつい思ってしまいがちになりますが，新生児は授乳後3時間に近づく頃になるとムズムズ体を動かし，やがてミルクが欲しいと泣いて訴えます。生後3〜4か月頃になると昼夜の区別がつき，夜は比較的眠るようになります。昼寝については，午前と午後の2回だったのが，年齢が上がるにつれて午後の1回に変わり，それと共に昼寝の時間も減少していきます。授乳一つを取ってみても出産後の母親の気持ちを理解することができます。乳児を育てるということは，乳児だけでなく，その母親も支えていかなければなりません。3章では，産後ケアを含め，現代の家族・家庭の在りようについてお話します。

第3節　乳児のコミュニケーション

1．人間の赤ちゃんと他の動物との違いを知っている？

　赤ちゃんは，無力であるといわれてきましたが，視覚，聴覚，嗅覚，味覚，触覚などの五感を使いながら外界の者や物に働きかけていることが明らかにされています。人間は，生まれながらにコミュニケーション能力を持ち，社会との関係を築く存在なのです。社会的な存在である人間は，他の動物と異なり高度で複雑な言語，知的能力，社会性を身につけていく基礎があると考えられています。特に，他の動物と違って言語能力が優れています。

　多くの心理学者は，人間が持つ言語能力の高さを研究しています。ここで，言語に関する研究を一つご紹介します。心理学者である岡野恒也とそのパートナーである美年子は，自分の子どもと同じぐらいの年齢のチンパンジーを我が家で共に育てました。彼らは，人間とチンパンジーの発達を比較しています。ある時期は，発達過程を追う中でチンパンジーの方が身体的に優れていることもありましたが，岡野の息子が2歳頃になると徐々に言語が発達するようになりました。岡野は，チンパンジーに言葉の訓練をしましたが，チンパンジーは数語を発することができるようになっただけで，人間の子どもの言語能力とはほど遠いものでした。

　前章にも書かれてありましたが，新生児は決まった刺激に対して決まった反応があらわれる反射運動や，決まった刺激がないのに自然にあらわれる行動がよく見られます。反射運動の代表的なものとしては，吸啜反射，モロー反射，把握反射，原始歩行などがみられます。一方，自発行動の代表的なものとしては，生理的微笑がみられます。生まれて間もない赤ちゃんは言葉を発することができませんが，私たちが赤ちゃんの顔を眺めていると，赤ちゃんが笑っているような表情をすることがあります。この微笑は，新生児が眠っているのに唇を

新生児の反射運動

吸啜反射	モロー反射	把握反射	原始歩行
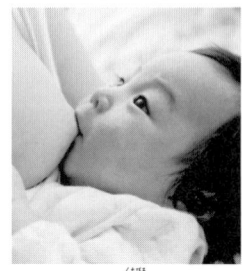	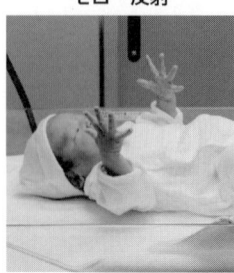	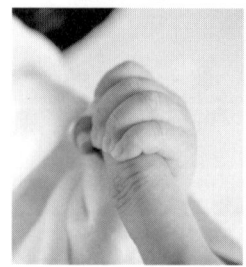	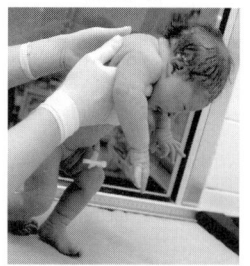
乳首や指などが唇に触れると吸いつく運動。この反射のおかげで初めてでもおっぱいが飲める。	からだを持ち上げて急に下げると，両手をさっと広げる運動。	手のひらを刺激するものがあると，全体重を支えるほど強い力で，反射的にしっかり握る運動。	からだをかかえて，立たせるようにすると足を交互に動かし，歩くような動作をする。人が生まれながらにして歩く能力をもっている証といわれている。

（出所）秋田喜代美，伊藤葉子監修　2023　子どもの発達と保育　育つ・育てる・育ち合う　教育図書

横に引きつけ微笑しているような動きであり，自発行動を示します（図表2-3　新生児の反射運動）。

2. 人見知りは，なぜあるの？

　生理的微笑は，生後2〜3か月頃までみられる行動です。赤ちゃんが，微笑んだり，抱き着いたり，後を追うなどの行為は，赤ちゃんと養育者との間に愛着行動が結ばれていることを意味します。しかし，生後3〜6か月頃になると共に生活をしている養育者などと見知らぬ人との区別をするようになってきます。赤ちゃんの特定の人（母親など）に対する微笑を社会的微笑と呼びます。やがて生後6か月以降になると，より一層，養育者と見知らぬ人との区別をするようになります。養育者に対しては，後追いし，養育者が見えなくなると大泣きを始めます。一方，見知らぬ人が，抱っこなどを求める場合には相手を警戒し，時には泣き始めます。この姿を人見知りといいます。人見知りとは，愛着行動と表裏一体の関係にあります。子育て中の養育者が，「うちの子が，人見知りになって困っています。」という場合がありますが，これは乳児が特定の大人と見知らぬ大人を見分ける力が育ってきたことを意味します。このような場合には，「お子さんが，発達しているんですよ。」と肯定的な言葉を返すと，悩んでいた養育者がハッとされることがあります。やがて乳児の愛着は，養育者だけではなく，関わりが深まってくる人たちにも形成されるようになります。集団生活に入ると，乳児は保育者たちとも愛着形成が成立します。

3．赤ちゃんは，なぜ泣くの？

　新生児は，泣くことで自分の要求を養育者に伝えようとします。養育者が，その新生児の要求を理解し応答し，その関わりが新生児の求めている要求である場合には，新生児は泣き止みます。この二者のやりとりは，言葉が出る前のコミュニケーションが成立する基礎となります。新生児が泣いても養育者が反応しないと，やがて新生児は表情が乏しくなり，泣かなくなるなどコミュニケーションの意欲を失ってしまうことがあります。このような新生児の状態をサイレントベビーといいます。

　生後1か月過ぎくらいになると「アー」「ウー」「クー」などと声を出すようになります。これをクーイングといいます。その後，生後2〜3か月頃になると「アーアー」，「マ，マ，マ」などという声が出るようになり，これを喃語といいます。生後10か月以降になると心地良い良いときなどに「ブー」といった発声の音遊びを楽しむ姿がみられます。また，「マンマンマンマン」や「バウバウ」などというように反復喃語が現れます。さらに喃語に会話らしい抑揚がつくようになり，これをジャーゴンといいます。

4．指差し行動ってなに？

　1歳近くになると，乳児は指差しをするようになります。指差しは，「自分」「指さすもの」「要求を伝えたい人」の三者関係を表します。これまでは，乳児と養育者という二者関係でしたが，この頃になると三者関係になります。具体的には，乳児と養育者が散歩をしているとき，乳児が空を飛んでいる飛行機を見つけ指差します。それに気づいた養育者が「○○ちゃん，お空に飛行機が飛んでいるね〜」と応答します。このような場合，乳児と養育者は，飛行機を眺め，飛行機を媒介に会話が成立します。

　1歳頃の乳児は，「ブーブー」「マンマ」などの一語で自分の要求や感情などを表現します。「マンマ」という一語ではありますが，「マンマ」という語には，「お腹がすいたから○○を食べたい」など，多くの意味が含まれています。この時期の言葉を一語文といいます。初めて発した言葉なので初語ともいわれています。

　1歳6か月頃を過ぎると，語と語をつないだ表現ができるようになり，これを二語文，さらには多語文というように単語が増えていきます。2歳から3歳頃にかけては，「これ何？」「どうして？」のような問いかけが多くなり，語彙の数を急激に増やしていきます。

5．なんで「いやいや」って言うの？

　赤ちゃんは，自分と自分以外の人や物との区別が曖昧です。やがて，からだを動かしたり，物に働きかけたり，他者とのやりとりを通して，徐々に自分と自分ではないものとを区別できるようになり，他者の存在に気づくようになります。

　1歳を過ぎる頃になると，自分の名前を呼ばれるとわかるようになります。具体的には，

自分の名前を呼ばれると振り向いたり，手を挙げる姿が見られるようにもなります。集団生活の初期の頃には，自分の名前が呼ばれたときに手を挙げるという意味がわからず，自分の名前が呼ばれたときだけでなく，友だちの名前が呼ばれても手を挙げる姿がみられますが，生活を通して徐々に自分の名前のときだけ手を挙げるということを理解するようになります。また，行動面でも自分で歩く，自分で食事を食べるようになるなど，自分の欲求をより強く主張するようになります。この姿を自我の芽生えといいます。

　1歳半から2歳頃にかけて，乳児は自分の意思や欲求を自分でやりたがります。この意思や欲求に対して自分でできないことも多くあります。これまでは，外出する際に親が靴を履かせ，乳児もそれに対して心地よさを感じていましたが，この時期になると同じことをした場合，泣いたり，怒ったり，「いや」と言うなどの行為を現わします。これを第一反抗期といいます。反抗期は，自我の芽生えと捉えることができ，「自分でやりたい」という意味が含まれています。「いやいや」と言葉を発していた乳児も，やがて言葉が発達していくと「じぶんで，じぶんで」と言うようになります。さらには，「自分で〇〇したい」と言うようになります。養育者は乳児に「いやいや」と言われると，乳児に否定的な気持ちを抱くことがありますが，乳児が発達しているという肯定的な気持ちを持つことが大切です。

第4節　乳児の遊び

1．乳児にとっての遊びとは？
　子どもにとって遊びは，生活そのものです。一方，大人は勉強や仕事の合間の息抜きとして遊びを行います。そもそも，子どもと大人では遊びの概念が異なります。遊びについては，ドイツの教育学者であり，世界で最初の幼稚園の創設者であるフレーベルが大切にしている活動です。子どもの遊びとは，自らの自由な意思の下に行われ，楽しいという気持ちを持ち，満足感が得られる活動であると考えられています。

2．乳児の遊びをエピソードからみてみよう
　ここでは，乳児の遊びについてエピソードを読んでいきましょう。

エピソード1

どうぶつさんたち，こんにちは！

　カイトは，1歳のお誕生日に動物たちが幹の中に入っている玩具をもらいました。ちょうどこの頃，カイトはお座りが上手にできるようになっていましたが，歩くのはまだおぼつかない姿でした。カイトは，細かい物を指でつまめるようになり，キツネやアライグマ，リス，ハリネズミ，

クマなどを幹の中から引っ張ったり，幹の中に入れたりしながら遊んでいます。時には，笑顔を浮かべながら声を出して笑ったり，幹の中に動物が入らないとうなるような声を出しながら手先を使い動物を押し込んでいます。この時期は，指先でつまんだり，引っ張ったりすることが楽しいようで，ハリネズミの毛をむしり始めました。その様子を見た保護者は，慌ててハリネズミだけ他の場所に避難しました。

カイトは，指先を使って動物の人形を幹の中から出したり，引っ張ったりしています。カイトは，感覚遊びを楽しんでいます。皆さんが，カイトの傍にいた場合，どのような言葉がけをしますか？（写真2－5）

写真2－5

エピソード2

ポンポンあそび，たのしいよ！

2歳になったタロウは，ジャンプなども上手にできるようになりました。3学期の『生活発表会』で，幼児クラスのお兄さんやお姉さんたちがポンポンを使って踊るとタロウは興味を持ちます。その後，タロウは母親にポンポンで遊びたいことを伝えます。タロウの要求を聞いた母親は，自宅にあったスズランテープで赤，青，黄のポンポンを作りました。タロウは，大喜びです。タロウは，お兄さんやお姉さんの踊りを思い出しながらポンポンを振り，時には歌を歌い，満面の笑みを浮かべています。

2歳になったタロウは，歩くだけでなく走ったり，ジャンプしたりするなど，バランスよく体を動かす運動遊びができるようになりました。皆さんは，タロウとポンポンを使ってどんな運動遊びをしますか？　また，2歳児の子どもとどのような運動遊びをしますか？（写真2－6）

写真2－6

考えてみよう！

➡ 自分の生まれたときの重さ（体重）を体験してみましょう。例えば，袋にお米を入れて自分の生まれたときの体重を体感したり，ペットボトルにお水を入れて重さを体感した後，周りの人たちと感想を述べ合いましょう。

引用文献

秋田喜代美・伊藤葉子監修　2023　子どもの発達と保育　育つ・育てる・育ち合う　教育図書
A. Christine Harris 著，竹内正人監修　2005　はじめての妊娠・出産　安心マタニティブック　永岡書店
山内逸郎　1986　新生児　岩波書店

参考文献

秋田喜代美ほか　2023　保育基礎　ようこそ，ともに育ち合う保育の世界へ　教育図書
厚生労働省　2017　保育所保育指針　フレーベル館
松本峰雄監修　2019　乳児保育演習ブック［第2版］　ミネルヴァ書房
岡野美年子　1979　＜新版＞　心理学者わが子とチンパンジーを育てる　もう一人のわからんちん

第3章 保護者や家族への支援，地域とのつながり

本章で学ぶこと

　　本章では，保護者等の家族や家庭への支援，地域とのつながりについて取り上げます。第1章では発達について，第2章では乳児期の育ちについて触れてきました。保育現場では，子どもの育ちを支えるために，発達や愛着を理解した上で保育や支援が行われています。一方，家庭での育児に対しては，家族や家庭が抱えている悩みや不安等に対するさまざまな支援が行われています。本章では，現代社会における家族や家庭の在り方や保護者が抱えている問題を踏まえた上で，保護者等の家族が地域で安心して生活し，育児ができる環境を目指したさまざまな支援や取り組みについて学びましょう。

▶▶▶ キーワード：保護者，家族や家庭，多様なニーズ，地域，つながり

第1節　現代の家族・家庭の姿とは？

1．現代社会における家族の在り方とは

　近年は出生率の低下等による人口動態の変化が急速に進んでいます。わが国では単独世帯や夫婦世帯，ひとり親世帯の増加，女性の社会進出による共働き家庭の増加等，家族の形態とその機能が変化し続けています。このような変化は，家庭や社会が担う子育てに大きな影響を及ぼしています。

　国立社会保障・人口問題研究所の「第7回全国家庭動向調査」(2022) によると，家族に関する意識の妻の賛成割合として，例えば「夫や妻は，自分達のことを多少犠牲にしても，子どものことを優先すべきだ」が81.5％で，「子どもが3才くらいまでは，母親は仕事を持たず育児に専念したほうがよい」が61.0％となりました。半数以上が家族や家庭が子育てを担うべきという意見となり，特に母親の役割として求められていることがわかります。

　一方で，昨今は，家庭や家族の中で完結させていた育児や教育，家事，余暇活動等の外部

化・社会化が進んでいます。男女の性別や家族構成に関わらず，生活の一部を外部に委託しながら時間の使い方を工夫する時代になっています。例えば，家事代行サービスに部屋の掃除や，クリーニング業者に衣類の洗濯を委託することができます。また家庭教師・塾を利用して学習時間を確保したり，さまざまなレクリエーションのイベントに参加したりする等が挙げられます。このように，現代社会では周囲の社会資源を利用しながら家族一人一人の生活も保障しつつ誰もが自分らしく生活することを目指しています（well-being）。そして，自分らしい生活を送り，誰もが幸せになる権利を持っています。そのような権利やその権利を保障するためのさまざまな法律や制度があります（図表3－1）。そのような法律や制度をもとに，子どもも保護者も最低限度の生活が保障されています。そのような一人一人の生活や権利を保障する現代社会では，保護者が抱えている課題が多様化しています。保護者や保護

図表3－1　子どもや家族を支えるための主な法律・条約

法律名	年	内容
民法	1896年	（親権者） 第八一八条「成年に達しない子は，父母の親権に服する。」 （監護及び教育の権利義務） 第八二〇条「親権を行う者は，子の利益のために子の監護及び教育をする権利を有し，義務を負う。」
日本国憲法	1946年	第二十五条「すべて国民は，健康で文化的な最低限度の生活を営む権利を有する。」ことが記され，人は人間らしい生活を送る権利を持っていることが示されている。
児童福祉法	1947年	児童福祉の理念や原理，児童の定義，施設や支援の事業内容や実施期間等について定めた法律。
児童扶養手当法	1961年	父または母と生計を同じくしていない児童を育てている家庭への経済的支援を行うために，支援対象や支給要件，手当額等について定めた法律。
特別児童扶養手当等の支給に関する法律	1964年	障がいのある子どもへの経済的支援を行うために，支援対象や支給要件，手当額等について定めた法律。
母子及び父子並びに寡婦福祉法	1964年	ひとり親家庭及び寡婦等に対する必要な措置や基本理念，関係施設等について定めた法律。
母子保健法	1965年	母子保健に関する原理や保健指導，健康診査，医療の措置等について定めた法律。
児童手当法	1971年	児童を養育している者に手当を支給するために，受給者の責務や支給要件，手当額等について定めた法律。
育児休業，介護休業等育児又は家族介護を行う労働者の福祉に関する法律	1991年	育児休業及び介護休業に関する制度並びに子の看護休暇及び介護休暇に関する制度を設ける等，福祉の増進を図り，あわせて経済及び社会の発展に資することを目的とした法律。（育児・介護休業法）
児童の権利に関する条約（子どもの権利条約）	1989年 （1994年批准）	子どもは権利をもつ主体であるという考えに基づき，条約が定める様々な権利のすべてに関わる基本的な考え方として「差別の禁止」「子どもの最善の利益」「生命，生存及び発達に対する権利」「子どもの意見の尊重」の四つの原則を示した権利条約。
児童虐待の防止等に関する法律	2000年	児童に対する虐待の禁止，児童虐待の予防及び早期発見その他の児童虐待の防止に関する国及び地方公共団体の責務，児童虐待を受けた児童の保護及び自立の支援のための措置等を定めることにより，児童虐待の防止等に関する施策を促進し，もって児童の権利利益の擁護に資することを目的とした法律。

法律名	年	内容
配偶者からの暴力の防止及び被害者の保護等に関する法律（DV 防止法）	2001 年	配偶者からの暴力に係る通報，相談，保護，自立支援等の体制を整備することにより，配偶者からの暴力の防止及び被害者の保護を図るための法律。
少子化対策基本法	2003 年	少子化社会において講ぜられる施策の基本理念を明らかにし，少子化に的確に対処するための施策を総合的に推進するための法律。
子ども・若者育成支援推進法	2009 年	子ども・若者の健やかな育成や社会生活を円滑に営むことができるようにするための支援とその他の取り組みについて，その基本理念，国及び地方公共団体の責務並びに施策の基本となる事項を定めた法律。2024年6月に改正案が施行され，ヤングケアラーが国・地方公共団体等による子ども・若者支援の対象として明記。
子ども・子育て支援法	2012 年	児童福祉法（昭和二十二年法律第百六十四号）その他の子どもに関する法律による施策と相まって，子ども・子育て支援給付その他の子ども及び子どもを養育している者に必要な支援を行い，もって一人一人の子どもが健やかに成長することができる社会の実現に寄与することを目的とした法律。
子どもの貧困対策の推進に関する法律	2013 年	全ての子どもが心身ともに健やかに育成され，及びその教育の機会均等を保障し，子ども一人一人が夢や希望を持つことができるようにするために，子どもの貧困対策を総合的に推進することを目的とした法律。
生活困窮者自立支援法	2015 年	生活困窮者自立相談支援事業の実施，生活困窮者住居確保給付金の支給その他の生活困窮者に対する自立の支援に関する措置を講ずることにより，生活困窮者の自立の促進を図ることを目的とした法律。
こども基本法	2023 年	日本国憲法および児童の権利に関する条約の精神にのっとり，全てのこどもが，将来にわたって幸福な生活を送ることができる社会の実現を目指し，こども政策を総合的に推進することを目的とした法律。
困難な問題を抱える女性への支援に関する法律	2024 年	女性が日常生活又は社会生活を営むに当たり女性であることにより様々な困難な問題に直面することが多いことから，困難な問題を抱える女性の福祉の増進を図るため，困難な問題を抱える女性への支援のための施策を推進し，女性の人権が尊重され，女性が安心して，かつ，自立して暮らせる社会の実現に寄与するための法律。

者が抱えている背景については本節で詳しく触れ，第2節で具体的なエピソードをもとに多様な背景や課題を抱える保護者とその支援内容について学んでいきましょう。

2.「家族」と「家庭」

　「家族」という言葉を聞いたときに，誰を思い浮かべますか。現代は，多様な生き方や生活スタイルが存在し，家族や家庭の在り方も変化しています。そのため，家族という言葉を聞いて，生活を共に過ごす人たちを思い浮かべた方もいれば，血のつながりがある方，生活や血のつながりを共にせず興味や共感できる共通点でつながっている方，犬や猫等の人以外の動物が浮かんだ方等，さまざまな「家族」の存在を思い浮かべたことでしょう。

　一般的に「家族」とは，婚姻関係がある配偶者や，親・兄弟等の血縁関係がある者の集団のことを指しています。このように，家族は血や婚姻によるつながりが基礎になっていると考える傾向はあり，育児・介護休業法等の法律上で家族の範囲が定められている場合もあり

ます。一方で，家族がどこまでの範囲・存在を示すかは多様な考え方があり，同居や生計の同一を問わず，家族助け合いや精神的なつながりであると考えることもできます。

　次に「家族」に近い言葉に「家庭」がありますが，「家庭」は一般的に家族が一緒に生活する場であり，家族にとって安心感をもたらす場・子どもの教育や成長・発達の場という役割も含まれています。加えて，家族との生活を共にすることを通して子どもが育つ場もあり，親が親として育つ場でもあります。社会全体で子どもや家庭を支える大切さ等に関する理解を広めるために，内閣府は 2007 年度から 11 月第 3 日曜日を「家族の日」，その前後各 1 週間を「家族の週間」と定め，2023 年 4 月以降はこども家庭庁が啓発活動を行っています。このように，子どもや家族が安心して生活することができる家庭を支えていくために，社会の一員として何ができるのかを，社会全体と共に社会

で生活する一人一人が考えていくことが大切です。では，次項で家庭の中で子どもを支える中心となる保護者について詳しくみていきましょう。

3．保護者とは

　保護者とは「親権を行う者，未成年後見人その他の者で，児童を現に監護する者をいう。」（児童福祉法，第六条）と定義され，親権者については民法に記されています（図表 3 － 1）。自ら望んで子どもを授かり保護者となる場合や，望まずに子どもを授かり保護者となる場合，望んだが授かることが叶わず養子縁組で保護者となる場合，里親等で子どもを監護する立場になる場合等，保護者になる理由や背景は多様です。また，昨今は医療技術の発展と共に，不妊治療という言葉が広く知れ渡る世の中となりました。子どもを望んでも自然な妊娠が叶わなかった家族の中には，不妊治療を通して子どもを授かる可能性を得ることができるようになりました。そのような不妊治療を経て出産する子どもは年々増えています。このように，保護者という立場は同じかもしれませんが，その立場となるまでの過程や抱えてきた事情・気持ちは一人一人異なります。

　一方で，何らかの事情によりひとり親になる場合や，育児と介護を同時に担うダブルケアを行っている保護者もいます。保護者の共働きに伴う育児や介護への負担増に疲弊し，離職や転職をしたり，精神的な不調を訴えたりする保護者も少なくありません。このように，子どもを養い，育てる立場となる保護者は一人一人がさまざまな葛藤や想いを抱えている存在であることを理解することが大切です。

4．保護者と保護者の子育てを支える

　保護者の中には，何らかの障がいや精神的な不安定さを抱えている場合があります。例えば，児童養護施設や乳児院等への入所理由の中に，保護者の知的障がいや精神疾患等の何らかの障がいや精神的な支援が必要な場合があります。そのような背景から，保護者が自らの手で子どもを育てたいと願ったとしても，わが子を施設に入所させざるを得ない場合があります。そのため，保護者が現状や将来に何を望んでいるか，解決が必要な課題は何かといった，保護者自身の気持ちも大切にしながら支援を考えていきます。保護者が抱えているニーズは，顕在化（見えている）している場合だけではなく，潜在化（見えていない）している場合もあります。保護者一人一人の背景や抱えている課題は異なりますが，子どもの最善の利益と共に保護者が描く将来像を考えながらサポートしていきます。

　このように，保護者自身を支援するためには，保護者のニーズを理解しつつ適切な支援を検討していくことが必要です。そのためには，保護者の事情を理解する視点を持ち，共に考えていくための知識を身に着けていくことが必要です。例えば，保護者の養育力不足や虐待に関する相談件数は増加傾向にあります。この背景には，身近に相談できる人の不在や適切な支援につながることが困難な場合など，保護者一人一人が抱えている背景や課題が異なります。大切なことは，保護者となる前に一人の人間として保護者自身が尊重されることであり，子育てを保護者と共に社会で支えていく姿勢や気持ちを，社会の一員である私たち一人一人が意識することです。そのためには，保護者自身がどのような子育てを望んでいるのか，そのために今どのような課題や弊害が起きているのか，その一つ一つに目を向けることが大切となるでしょう。

　さて，ここまで触れてきたように，現代の子育てを支援するためには，多様な知識や技術が求められていることがわかります。その背景には，家族や家庭の在り方の多様化があります。そこで，次節では育児困難や虐待，ひとり親家庭，生活困窮家庭，その他保護者自身の障がい等を背景とした，より支援のニーズが高いエピソードをもとに，多様な家庭の実態と支援について取り上げます。なお，保育所・幼稚園・認定こども園等における保育者による保護者支援については第3部で詳しく触れます。

第2節　多様なニーズのある家庭の実態と支援

1．育児困難や虐待家庭に対する支援

エピソード①

これってしつけ？　虐待？　保護者の気持ちを考えてみよう

　Aさん（35歳，男性）は妻（25歳）と長男（2歳）の三人家族で生活しています。Aさんは朝が早く，残業も多い仕事をしているため，育児は仕事をしていない妻に任せることが多くなります。久しぶりに早く帰ることができたある日，自宅に入った途端に「いい加減にして！　食べないなら捨てるよ！」と，妻の大声と長男の泣き叫ぶ声が聞こえ，慌てて2人の所に駆け付けました。長男は夕食時で，顔やテーブル周りにご飯が飛び散っていました。息子の頬が赤くなっていたため妻に確認すると「出したご飯を食べないで投げたから，叩いてしまった」と話しました。

　Aさんの妻が抱えていた気持ちはどのようなものだったのでしょうか。仕事が忙しいAさんを支えるために，妻は長男の育児を一人で背負っていた気持ちだったのかもしれません。妻が子育てに悩んでいた一方で，長男の自我が芽生え始め，出したご飯を食べず，ご飯を投げ捨てた行動に対して，妻が怒りの感情を抑えきれなくなったことがわかります（乳幼児期の発達については第2部第4章，第5章，第3部を参照）。

　このエピソードを理解するポイントは，3つあります。まず1つ目は，家族構成です。Aさんは妻と息子との核家族です。身近に相談できる人がいたとしても，すぐに助けを求めることができる同居や近居の親族等がいない場合があります。2つ目は，家族間の役割です。夫は仕事中心で，妻は育児中心の生活を送っていました。しかし，人を育てるということは，第1部の第1章と第2章にも書かれていた通り，決して容易なことではなく，特に2歳頃の発達段階は，自我の芽生えに伴いイヤイヤ期と呼ばれる，自己主張が激しくなる時期でもあります。そして3つ目は，長男を叩いてしまうほど妻が追い詰められていたということです。しつけは子どもの将来のために保護者が行う行為の一つですが，過度なしつけは体罰となります。2019年の児童福祉法改正により親権者等がしつけに際して体罰を加えてはならないことが法定化され，2020年4月から施行されています。こども家庭庁によると，しつけは「こどもの人格や才能を伸ばし，社会において自立した生活を送れるようにすることなどの目的から，こどもをサポートして社会性を育む行為」であり，体罰は「こどもの身体に何らかの苦痛を引き起こし，または不快感を意図的にもたらす行為（罰）」です。身体的な体罰に加えて，言葉の暴力等の心理的虐待や，性的虐待，育児放棄等のネグレクトの可能性がある体罰は決して許される行為ではありません。万が一，虐待や体罰等の行為が見られた

図表３－２

子ども虐待防止
オレンジリボン運動

（出所）NPO 法人児童虐待防止全国ネットワーク

　場合には，誰でも児童相談所虐待対応ダイヤル「１８９（いちはやく）」に電話することができます。子ども虐待防止に向けた運動としては，「オレンジリボン運動」と呼ばれる活動があります。これは，子育てを温かく見守り，子育てを支えたいという意志があることを示すマークを着け，賛同者を増やしながら社会を変えていく取り組みです。

　しかし，エピソードの妻のように，家族構成や家族の中での役割，また身近な人に頼ることが難しいといった社会とのつながりの弱さ等の理由により，精神的に追い込まれたことでそのような行為に及んでしまうケースは少なくありません。ここで重要なことは，子どもだけが被害者で保護者は加害者という一方的な決めつけではなく，子どもや保護者，家族にどのような背景があったかを考えることです。社会の中でＡさんや妻はそれぞれにどのような生活を望み，２人の子育て観や今後どのように子育てしていきたいかといった意向を踏まえながら，社会の中でできるサポートを考えていきましょう。

　また，場合によっては配偶者からの暴力や祖父母等の保護者以外の家族との子育て観の違いにより，保護者自身や保護者の子育てに苦しむケースがあります。配偶者からの暴力（DV）については，配偶者からの暴力を防止し被害者の保護等に関する「配偶者からの暴力の防止及び被害者の保護等に関する法律」（2001）の一部改正が行われ，2024 年 4 月 1 日から施行されています。配偶者には，婚姻届けを提出していない「事実婚」も含まれ，男女の性別を問わず離婚後も引き続き暴力を受ける場合も含んでいます。このような改正が行われる背景として，残念ながら子どもの見ている目の前で暴力が行われ（面前 DV），子どもが心理的虐待を受けるケースや，同時に子どもも暴力を受けているケースが後を絶ちません。子どもを守るべき立場の保護者が子どもを傷つけている現状を見過ごすことはできませんが，エピソードを理解するポイントのように，保護者がそのような行為に至る背景や理由に着目することが必要です。

2. ひとり親家庭に対する支援

エピソード2

「もっと食べたい！」子どもたちのために

　Bさん（26歳，女性）は長男（5歳）と次男（3歳），長女（0歳）の四人家族で生活しています。夫とは離婚し，養育費は支払われていません。Bさんはアルバイト社員として働いていますが，子どもが病気になり欠勤するとその分収入が減るため，3人の子どもが立て続けに病気になったときにはほとんど収入を得ることができませんでした。一方で，食事量が増える子どもたちのお腹を満たすために，栄養バランスよりも腹持ちの良い食材を選んで空腹にならないように工夫しています。しかし，その生活も限界に近付いていました。ある日，保育園の年中クラスの長男が，給食をおかわりし，おかわりがないと「もっと食べたい！」と大声を出し，他の子の分まで食べようとする姿がありました。

　このエピソードは，活動量やエネルギーの消費が増えている食べ盛りの子どもたちが，給食場面で見せた食欲旺盛な姿と，保護者からの電話をもとに，家庭での経済的な生活苦の実態がわかったケースです。食生活へのサポートでは，例えば子どもが一人でも行くことができ，無料や低額で食事を提供している「こども食堂」があります。「こども食堂」は，地域でお腹を空かせた子どもたちを助けたいという自主的・自発的な取り組みとして始まり，徐々に増えています。昨今は，地域とのつながりの場所としての機能を備えた「こども食堂」も増え，食事やレクリエーションを介して，子どもも保護者も社会とつながる大切な機会の一つとなっています。

　また，今回は食事の例でしたが，衣服や頭髪，入浴等の衛生面の変化から実態の把握につながることもあります。経済的な支援としては，生活保護や低所得者向けの経済的支援もありますが，実態の原因となっている問題は他にもあるかもしれません。保護者や家族，家庭が抱えている問題に合わせた支援が必要となります。例えば，ひとり親家庭は，子育てと家計の担い手の役割を保護者が一人で担うことにより，住居，収入，子どもの養育や教育等のさまざまな面で何らかの困難に直面する可能性があります。保護者の就業経験が少ない場合や，事業主側のひとり親家庭に対する理解不足等により，安定した就職を得ることが困難な場合や，たとえ職を得たとしてもその後の家族や環境の変化に伴い離職や仕事量の軽減を余儀なくされることが推測されます。家族が家庭で安定した生活を送るためには，さまざまな物的・人的・経済的支援

が必要となります。就労が難しい場合や安定した収入を得ることが難しい場合の保障として，経済的支援や衣食住の支援を受けながら，最低限度の生活を営むことが日本では権利として保障されています（日本国憲法第二十五条）。

3．生活困窮家庭への支援

エピソード3

突然，家族が交通事故に遭ったら…

Cさん（35歳，女性）は夫（36歳）と，長男（4歳）と次男（2歳）の四人家族で生活しています。ある日，夫が交通事故に遭い，その後遺症から仕事をすることができず，Cさんの収入に頼って生活しています。Cさんは子どもと関わる時間を確保するために一日6時間のパート社員として働いていますが，体調を崩して休職することになりました。Cさんの主治医は，少なくとも半年間は療養が必要と診断しています。

何らかの事情により経済的課題を抱える家庭は少なくありません。例えば，ひとり親家庭や保護者の障がい，高齢等何らかの理由で低所得であったり働くことが困難であったりする家庭が存在します。今回は，ある日突然，事故や病気等により生活が一変することが起こり，生活が困窮していく家庭のエピソードについて考えていきましょう。このような事態が起こる背景として，大きく分けて「個人や家族」と「社会状況」の2つの要因が考えられます。このエピソードは，前者である「個人や家族」を背景として起きました。

このような状況になったときに，保護者や家族を支えるためにどのような支援が可能でしょうか。例えば，収入を得る手段がなく，親族に頼れる人もおらず，経済的に生活が困窮状態にある場合には生活保護制度を利用することができます。一方で，生活保護を受けるための条件を満たすことができず，生活が困窮している家庭も存在します。生活保護により経済的な支援を受けるためには，就労状況や財産等のさまざまな条件があります。今回のエピソードの家庭は，切り崩すことができる一定の貯金があると考えられるため，生活保護を受けることが困難となる可能性があるでしょう。そのような保護者や子どもを支えるために「子どもの貧困対策の推進に関する法律」や「生活困窮者自立支援法」があります（図表3－1）。保護者と子どもの貧困対策としてどのような支援を利用することができるかは，お住いの市区町村役所の窓口や福祉事務所，児童相談所，こども家庭センター等に相談しましょう（序章参照）。

また，エピソードでは夫の突然の事故により，Cさんが仕事や家事，育児をすべて担うことになりました。Cさんのように，物事を進めるために中心となる人物をキーパーソンと呼びます。家族の中の特定の人の負担が増えることで，家族の役割や立場のバランスが崩れ，

Ｃさんのような家族の中のキーパーソンが体調を崩す場合があります。一人ですべて抱えるのではなく，家族のためにも，Ｃさんが自分の心と身体も大事にしていくサポートが必要です。家族に対する援助やサービス等についても，上記の相談窓口で情報を得ながら活用していきましょう。

４．障がいを抱える家族がいる家庭への支援

エピソード４

「障がいがあっても育児がしたい」保護者を支えるために

Ｄさん（30歳，女性）は，未婚のまま妊娠し，頼ることができる家族や親族がおらず，女性相談支援センターにつながり，長女（0歳）を出産しました。Ｄさんには精神疾患があったため，児童相談所は「Ｄさんが一人で養育することは困難ではないか」と，乳児院への入所を検討しました。しかし，Ｄさんは長女と共に生活をすることを希望したため，児童相談所の担当職員と話し合い，母子生活支援施設への入所を決めました。

このエピソードのＤさんは，周囲に頼る人がいない中で妊娠がわかり，不安な時間を過ごしたことでしょう。女性相談支援センターとつながることができ，無事に出産に至ることができました。Ｄさんは幼少期から精神疾患があり，自立した生活を送ることが困難なことに加えて，わが子の育児となると精神的にも経済的にも困難な状況が想定されます。そのため，児童相談所はＤさんと長女の将来を考える受理会議を経て，長女の乳児院への入所を検討しました。しかし，Ｄさんの希望を尊重し，Ｄさんと長女が母子共に入所することができる母子生活支援施設への入所が決定しました。母子生活支援施設では，母子支援員等の専門の職員が常駐し，母子の生活をサポートしていきます。プライベートスペースもあり，個人の生活空間が守られます。一方で，母子生活支援施設は永住する施設ではなく，地域で家族と共に自立した生活を送ることを目指した自立支援計画を立て，自立した生活に向けて生活の立て直しや就労に向けたサポートを行っていきます。

また，未婚・婚姻を問わず，例えばDV被害から逃げ込む場所となる女性シェルターや，Ｄさんのケースのように女性をめぐる生活困窮，孤独・孤立対策への支援を担う女性相談支援センター等があります。このような女性を守るための法律として，2024年4月に「困難な問題を抱える女性への支援に関する法律」（女性支援新法）が施行されました。ここでいう「困難な問題を抱える女性」とは，性的な被害，家庭の状況，地域社会との関係性その他のさまざまな事情により日常生活または社会生活を円滑に営む上で困難な問題を抱える女性（そのおそれのある女性を含む）のことで，「女性の福祉」，「人権の尊重や擁護」，「男女平等」といった視点に立ち，困難な問題を抱える女性一人一人のニーズに応じて，本人の立場に寄

り添って，切れ目のない包括的な支援を行います。

　今回のエピソードは精神疾患のある保護者でしたが，他にも身体障がいや知的障がい等のさまざまな事情を抱えながら育児に向き合っている保護者は少なくありません。保護者に何らかの障がいがあり，さらに生まれてきた子どもにも何らかの障がいや育てにくさ等がある場合には，子どもと保護者を含めた，より一層の家族全体へのサポートが必要になります（障がいに関する内容は，第3部参照）。加えて，そのような何らかの事情を抱えた保護者を支える子どもたちの中には，例えば勉強や友人との交流，部活動等よりも家事や家族の育児や介護を担う時間が多くなっている場合があります。そのような子どもたちはヤングケアラーと呼ばれ，昨今は，子どもたちの現在と未来への影響を考慮した対策が大きな課題となっています。

5．その他の多様なニーズのある保護者や家庭とは

　これまで述べてきた通り，現代のさまざまな社会・家庭状況を背景として，保護者が抱える課題やニーズは多様です。上記のエピソードに加えて，例えば，新たな親子関係を築くステップファミリーという家庭の形があります。ステップファミリーとは，ひとり親家庭の父母である男女が再婚することにより新たな親子関係が生まれた家庭を言います。2018年に東京都目黒区で継父による虐待で継子が死亡した事件が起こりました。また，2019年には埼玉県で当時9歳の男児が継父によって殺害されましたが，継父が犯行に及んだ当日，9歳の男児から「本当のお父さんじゃないくせに」と言われたことがきっかけとなったそうです。この2つの悲しい出来事は，ステップファミリーで新たに家族となった家庭で起きた事件です。これらの事件もきっかけに，ステップファミリーとしての悩みや境遇を共有する当事者の会を設ける団体や地域が増えました。このように，保護者も悩み苦しんでいる状況を少しでも和らげ，子どもたちとの向き合い方を考えるきっかけになるサポートが大切になります。

　また，海外とつながりがある保護者と子どもの家庭への支援も必要です。労働者や家族の滞在，定住，国際結婚等により，両親またはどちらかの親が海外に籍がある場合や，日本国籍ですが日常的に使用する言語が日本語以外の場合等があります。このような家庭への支援として，例えば入園時や入学時に，病気や他の緊急時に際し，書類や状況説明等で日本語を使用することが求められる場合に，言語理解へのサポートが必要となります。昨今は，インターネット上のさまざまな媒体を使用して書類の翻訳や会話アプリ等も増えてきましたが，すべての状況に対応することは難しいでしょう。そのため，居住する地域の市区町村の相談窓口や保育所，教育委員会，学校，国際交流協会等の機関や関係者と共に協力し合いながらサポートしていきます。

第3節　保護者を理解し，支援する意義

　本章では，保護者や家族への支援，地域とのつながりについて第1節で概要を学び，第2節では4つのエピソードをもとに多様なニーズのある保護者や家族，家庭の姿と必要な支援について触れてきました。本章で取り上げたエピソードは，世の中の保護者が抱えている状況のほんの一部です。家族や家庭の数だけ保護者の姿や気持ちがあり，望む未来の姿があります。その一つ一つに目や心を向け，共に生きる社会の一員として助け合う気持ちを持ちましょう。そして，私たちに何ができるのかを考えていくことが重要です。

　第1部第3章では主に保護者を中心としたエピソードを基にまとめてきましたが，第2部では，子どもの育ちについて様々なエピソードを取り上げ，多角的・多面的に子どもの発達を見ていきます。子どもと保護者の最善の利益のために欠かすことができない，子どものwell-being について学んでいきましょう。

（考えてみよう！）

➡「保護者と保護者の子育てを支える」とはどういうことでしょうか。多様な家族や家庭が抱えるニーズをもとに考えてみましょう。

➡あなたが生まれたとき，保護者の方はどのような気持ちだったのでしょうか。ご自身の父親や母親，祖父母等の保護者の方から，あなたが生まれたときのことを聴き，保護者の想いについて考えてみましょう。

※本章の挿入イラストについては，大学生がイメージする家族の姿をもとに，大学3年生が作成。

参考文献

国立社会保障・人口問題研究所　2022　第7回全国家庭動向調査
　https://www.ipss.go.jp/ps-katei/j/NSFJ7/NSFJ7_top.asp（最終閲覧日：2024年7月19日）
こども家庭庁
　https://www.cfa.go.jp/top（最終閲覧日：2024年7月19日）
内閣府男女共同参画局　男女共同参画白書　令和4年版
　https://www.gender.go.jp/about_danjo/whitepaper/r04/zentai/index.html（最終閲覧日：2024年7月19日）
認定NPO法人全国こども食堂支援センター　むすびえ
　https://musubie.org/（最終閲覧日：2024年7月19日）

第**2**部

幼児の育ちと援助
―遊びを通して育つ子ども―

はじめに

> 幼児教育においては，幼児期の特性から，この時期に育みたい資質・能力は，小学校以降のような，いわゆる教科指導で育むのではなく，幼児の自発的な活動である遊びや生活の中で，感性を働かせてよさや美しさを感じ取ったり，不思議さに気付いたり，できるようになったことなどを使いながら，試したり，いろいろな方法を工夫したりすることなどを通じて育むことが重要である。[1]
>
> （中教審答申　第 197 号）

「教育」「学び」と聞くと，みなさんは小学校以上の教科教育を思い浮かべるのではないでしょうか。教科教育は，教科ごとに内容が体系化され，日本全国の小中高等学校で同じ基準で学ぶことが保障されています。

一方，保育，幼児教育は，「生活や遊びを通して行われる」「環境を通して行われる」と言われています。幼児期の発達の特性から考えると，教科教育，教授型の学び方はこの時期の子どもに適切ではありません。幼児が好きな遊びを追求していく，その過程で生きる力の基礎を獲得することを目指しているのです。

それでは，幼児期に「育みたい資質・能力」とはどのようにすれば培われるのでしょうか。そこで，幼児の総合的な発達を支援するために設定されたものが，5 領域という考え方です。5 領域とは子どもがバランス良く成長，発達するように重要な要素が含まれています。以下に 5 領域を記します。

図表　5 領域

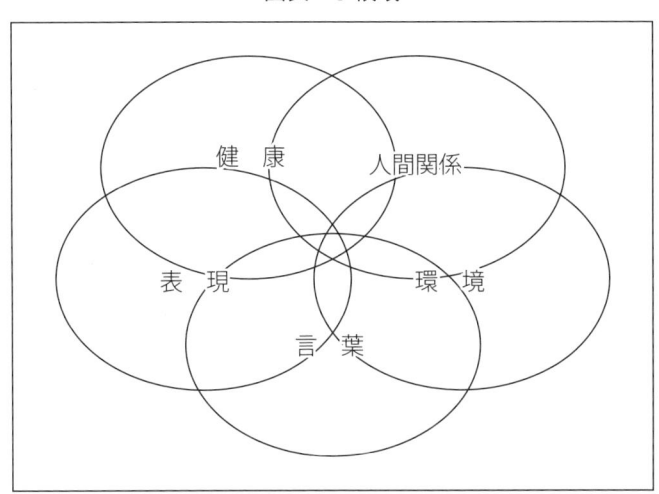

1．心身の健康に関する領域「健康」

2．人との関わりに関する領域「人間関係」

3．身近な環境との関わりに関する領域「環境」

4．言葉の獲得に関する領域「言葉」

5．感情と表現に関する領域「表現」

（幼稚園教育要領解説　2018　より）

　一見，領域「健康」は，小学校の教科である「体育」と同じではないか，領域「人間関係」は「道徳」ではないか，領域「環境」は「理科」「社会」，領域「言葉」は「国語」，「表現」は「音楽」「図工」ではないかと捉えられがちですが，まったく別な考え方です。領域の特長は，一つ一つが独立したものではなく，相互に関連し合い絡み合いながら，子どもの全体的発達を支える役割を担っているということです。これらの領域を活用して，保育者は子どもの発達の様子を捉え，適切な支援と園生活を計画・実施することができます。バランスの取れた保育を行うためには，各領域を統合的に考慮し，幼児の個々の発達段階や興味に合わせた遊びを展開できるように，環境を整えることが必要です。保育者の適切な環境設定こそが幼児の育ちを支援することになります。加えて，保育とは総合的になされるものであるからこそ，見えにくいという特徴もあります。そこで，保育者が自らの保育を振り返るときの手がかりとし，自分自身の保育に過不足していることを認識し次につなげるためにも5領域は必要不可欠なものです。

　さて，ここで幼児にとって遊びが学びであること，領域が相互に関連し合うことについて，エピソードから考えてみましょう。

エピソード1

「大縄跳びに挑戦！」（5歳児11月）

　4〜5歳児の子どもたちが大縄跳びで遊んでいます。「ゆうびんやさん，落とし物，ひろってあげましょう，1枚，2枚…」はじめのうちは，縄を跳ぶことで精一杯だった子どもたちですが，徐々に「10枚まで跳んでみたい」という気持ちになります。10枚まで跳べた子どもは，さらに挑戦し，20枚，30枚，100枚を目指し，自分の目標に向かっていきます。幼稚園や保育園には，自分よりもたくさん跳ぶことのできる子どももいます。誰よりも多く跳びたいという気持ちが生まれたり，誰かに記録を抜かれて悔しい体験もするでしょう。仲間が増えることで，自分の順番がなかなか回ってこない苛立ちを覚えた5歳児のミナヨは，「みんな，そんなに跳ばないでよ！」と，跳び手に向かって大声をあげました。すると，「今，挑戦しているときだから，応援してあげよう」

「ミナヨちゃんのときも，数えるからさ」などと仲間にたしなめられることもありました。何日も何日も大縄跳びに挑戦したミナヨは，少しずつ記録を増やしていき，あと少しで100回まで跳べるのではないかというときです。90回を超えたころから，仲間から「ミナヨちゃん，あと少しで100だよ！」「がんばれ！」という声がかけられました。そして，とうとう100回跳べたときには周りから拍手があがりました。汗をかいた真っ赤な顔で，ミナヨは何度もうなずいていました。

　上に記した大縄跳びのエピソードでは，幼児の何が育ったのでしょうか。まず，体を動かす遊びですので，身体的発達と健康促進（領域「健康」）につながることが考えられます。また，多く跳ぶようになった子どもがいると，数える数字も100を超え，時には1,000を超えることもあります。跳び手も数え手も「疲れた」という思いや「多く跳べた」「あの子は縄跳びが上手！」という気持ちと共に，数量の感覚を豊かに（領域「環境」）します。エピソードに出てくるミナヨは，イライラして文句を言いましたが，仲間からの言葉を受け少し我慢することを体験しました。我慢できたのは，ここで言い張ったり，嫌になって抜けてしまうと自分が挑戦できなくなることがわかったからだと考えます。その積み重ねは，感情をコントロールすることにもつながることでしょう。言葉を使って目標やイメージを共有したり（領域「言葉」）仲間と励まし合う，力を合わせるという社会性（領域「人間関係」）や，表現力（領域「表現」）も磨かれます。また，自分が100以上跳ぶことが大変であることを知っているからこそ，それ以上跳んだ仲間を「認める」こともできるようになります。

　エピソードの続きですが，私は，連日ミナヨが挑戦する姿を見ていて，あまり高く跳ばないようになった変化に気が付きました。「ミナヨちゃん，高く跳ばないのね」と声をかけると，ミナヨは「高く跳ぶと足が痛くなるから，少し跳ぶことにした」と言います。タイミングさえ合っていれば，足元を縄が通過するときに少しだけ，しかもリズミカルにジャンプすれば良いことに気が付いたようです。仲間の跳び方を見ていて気が付いたのかもしれません。また，それを自分にも取り入れてみること，つまりいろいろ試したり工夫したりして，長く跳ぶコツをつかんだのかもしれません。仲間に支えられながら目標を達成した子どもは，徐々に自分に自信が持てるようになります。自己肯定感を得た子どもは，多少の困難や問題に出会ってもそれを乗り越えることができます。そのような力の基礎こそ，幼児期に身に付けたい，資質・能力なのだと考えます。具体的には，身体的，社会的，情緒的，認識的発達，つまり，言葉やコミュニケーション力，協働性，好奇心，探究心，行動力，持続力，冒険心，自己調整力，技術力，集中力，問題解決学習力など，さまざまな生きるための力の基盤を，子どもは遊びの中で培います。子どもが自分たちで始めた「大縄跳びに挑戦！」は，領域「健康」だけに関する遊びなのではなく，5領域が総合的に絡み合い，心の動きを伴う「学び」になっていることがわかります。

　子どもがやりたいこと，挑戦したいことに十分向き合うことができる環境を整えることこ

そが，子どもの well-being を支えることになると考えます。

　就学後は，幼児期に育まれた資質・能力が，低学年の各教科などにおける学習に円滑に接続するように，幼稚園，保育園，幼保連携型認定こども園と小学校で連携を図る必要があり，それこそが今後の課題とされています。

　さて，第 2 部では各領域から子どもたちの well-being を考えることにいたしましょう。

（岡田たつみ）

【引用文献】

文部科学省　2018　幼稚園教育要領解説
幼稚園，小学校，中学校，高等学校及び特別支援学校の学習指導要領等の改善及び必要な方策等について（答申）　2016　中教審第 197 号　p.74

【参考文献】

学びや生活の基盤をつくる幼児教育と小学校教育の接続について〜幼保小の協働による架け橋期の教育の充実〜　2023 年 2 月 27 日　中央教育審議会初等中等教育分科会　幼児教育と小学校教育の架け橋特別委員会

第4章 健康の領域から 子どもの育ちを考える

本章で 学ぶこと 　本章では，子どもの生活や活動の基礎となる「健康」について考えていきます。日常の生活習慣を身につけることは，健康づくりの第一歩となります。また，運動や運動遊びを通して体を動かすことの楽しさを経験することにより，積極的な体づくりや健康づくりを進めることが可能となり，well-being な生活の基礎となる力を育むことができるようになります。

　近年，体力低下そして向上が叫ばれ，主体的に運動や運動遊びに関わるための方策を考える傾向にありますが，そのための基本的な視点を整理していきましょう。

▶▶▶ キーワード：日常生活習慣，運動習慣，体力，楽しさ，自己肯定感

第1節　日常生活習慣が健康をつくりだす

　子どもたちに限らず，人々皆が，健康が一番大切だと言います。「明るく」「元気に」「健やかに」などと健康を基本とした表現を使います。しかし，一方で健康が損なわれたときに，その大切さに気づくことも少なくありません。「歯が痛い」「風邪をひいた」「元気が出ない」などいろいろな場合があります。毎日，きちんと歯を磨いていたのか，思いきり遊んで汗をかいた後に着替えをしたのか，朝，昼，晩とちゃんと食事をしているのか，偏食はないか，睡眠を十分にとれているのか，悩みごとや不安に感ずることはなかったのかなど，その背景もさまざまです。子どもたちは日常生活の中で健康を意識することはほとんどありませんが，保護者や保育者との関わりの中で健康で明るく豊かな生活を営む術を身につけていきます。

　日常生活の中で普段とっている行動と健康と関連づけて考えてみましょう。例えば，「手を洗う」行為はどのようなときにするのでしょうか。トイレに行った後，食事をする前，外から遊んで帰ってきたとき，動物と触れ合った後など，答えは容易にでることでしょう。いつの時代にも子どもたちの手洗いの習慣化はテーマとなってきました。夏場に保育者が目を離して

いると水遊びが始まる，逆に冬場では水が冷たくて洗ったふりをする，その定着に苦慮する場面もあります。コロナウイルス感染症禍では，せっけんできちんと保護者も保育者も積極的に手洗いを実践していました。以前と比べると，手を洗う子どもたちは増えたように思えますが，なぜ手を洗う必要があるのかその理解が進まなければ，健康にとって大切なことを省略してしまうことになってしまいます。また，自分自身の健康のためではなく，みんなが気持ちよく生活する意味でも，みんなで使う絵本などを読む前に手を洗うことを進めている園もあります。その他にも歯を磨く，着替えをする，入浴する，早寝早起きをする，運動するなど日常生活習慣の確立は，子どもたちの健康にとって，最も基本となる習慣となり，このことが自立的な生活態度の形成に重要な意味を持っています。またそれぞれが生活の中での個々別々の行為ではなく，例えば，服を脱いで入浴し，パジャマに着替えるなど連続しています。

　健康とはなにか，中学校や高等学校の保健体育の教科書でも紹介され，一般的にも知られているWHO（世界保健機関）憲章における健康の定義（1948）では，「健康とは，病気でないとか，弱っていないということではなく，肉体的にも，精神的にも，そして社会的にも，すべてが満たされた状態（日本WHO協会訳）」とされています。健康は，個人の身体的，精神的な側面だけでなく社会的な側面をも含み広く捉えられています。幼児期にあっては，自分自身の心と体について，積極的に良好な状態（well-being）をつくりだすことであり，日常生活と密接に関連している食事，運動，休養に係る習慣化がとても大切になってきます。これは，子どもたち自身で確立できるものではなく，周囲の大人が関わりながら自立に向けた援助を継続的に行っていく必要があります。

第2節　運動（運動遊び）の必要性を考える

1．体力を広く捉える

　幼児期の運動は，呼吸循環器系，神経系，骨の形成などの発達の刺激として，成長にとってとても重要です。特に運動の必要性は，身体の諸機能の調和的な発達を促し，健康を保持・増進するためだけでなく，今後の豊かな運動生活，スポーツ生活の基盤をなすものであり，元気に活力ある生活を営むためにも，よりよい生活を創りだすためにも，とても大切になってきます。

　2000年（文部科学省）に策定された「スポーツ振興基本計画」の3つの柱の一つがスポーツの振興を通じた子どもの体力向上方策です。この頃から今日に至るまで，子どもの体力低下あるいは体力をめぐる問題が引き続き取り上げられることも多くあります。しかし，体力向上に焦点を当てすぎることによって，子どもたちが強制的・受動的な活動になり，楽しさよりも苦痛を味わうことのないようにする必要があります。一般的に体力というと，次のような体力要素（テスト項目）をイメージするかもしれません。

①筋力・・・握力

②敏捷性・・反復横跳び

③持久性・・シャトルラン／上体起こし

④瞬発力・・50m 走／立ち幅跳び

⑤平衡性・・測定項目なし

⑥柔軟性・・長座体前屈

⑦協応性・・ソフトボール投げ／ハンドボール投げ

　この 7 つの体力要素は，身体的活動を推し進めていくための能力の機能的側面（運動場面で行動として発揮される要素）を示しています。これらの要素が一般的に低下しているからといって，幼児期にも当てはめ，これらの改善あるいは向上を試みることはよいことではありません。例えば，持久性を高めるために，長い距離や時間走ることは，未熟な心肺機能に多大な負荷をかけることになり，逆効果となります。これは狭義の体力とされ，体力を広く捉えるならば（広義の体力），体格等の形態や体温調節能力を含む身体的要素だけでなく，意思，判断，意欲や精神的ストレスに対する抵抗力といった精神的要素も含めて考えていくこと，つまり，心と体を一体として捉えて考えることが必要となっています。

2. 幼児期運動指針が示すもの

　2012 年に文部科学省は，幼児期運動指針を策定しました。体を動かして遊ぶ機会（時間・空間・仲間等）の減少や意欲や気力の減弱，人間関係の構築への課題等，心の発達への懸念から，①体力・運動能力の向上，②健康的な体の育成，③意欲的な心の育成，④社会適応力の発達，⑤認知的能力の発達という幼児期の運動の意義を踏まえて，保護者や保育者を主たる対象として運動の実施内容について示し，その必要性の理解を求め，実践に向けた取り組みを期待しています。特に運動の行い方については，①多様な動きが経験できるようにさまざまな遊びを取り入れること，②楽しく体を動かす時間を確保すること，③発達の特性に応じた遊びを提供することとしています。楽しく体を動かす時間の確保については，日本においても WHO をはじめ，アメリカ，イギリス，カナダ，中国他いくつかの国で推奨されている「毎日，合計 60 分以上」を目安としています。ここで示された 60 分は連続している必要がなく，歩いて登園・降園する，一緒に買い物に行く，食卓の準備のお手伝いをするなど，生活の中で進んで行動することも含んでいます。一方で，園などでは活動時間は確保されていても，順番を待っている時間が長く実際にはその半分にも満たない場合もあります。厳密な時間計算が必要なわけではありませんが，どの程度活動しているのか把握する必要はあるのかもしれません。

3．運動習慣の基盤をつくる

　幼児期運動指針では，運動習慣の基盤づくりを通して，幼児期に必要な多様な動きの獲得や体力・運動能力を培うとともに，さまざまな活動への意欲や社会性，創造性などを育むことを目指して，幼児期の運動の在り方や必要性について示しています。この状況を踏まえると，主体的に体を動かす遊びを中心とした身体活動を，幼児の生活全体の中に確保していくことが課題となってきます。

　運動遊びが楽しいと感じ，またやってみたいと思うことが進んで運動しようとする原動力となります。つまり，思い切り体を動かし，運動遊びを主体的に継続的に行うことが，体力向上につながるということです。

　進んで運動しようとする態度を育むために，遊ぶ時間を確保すること，園庭やホール等のスペースや遊具・用具等の環境を整える必要があります。保育者がある保育活動について，ねらいをもって，みんなで一緒に保育活動として活動するときもあれば，自由に園庭等で遊具や道具を使って遊ぶこともあります。子どもたちの運動遊びが意図的活動であれ自然的活動であれ，いろいろな運動遊びを経験する機会を保障することから始めなければなりません。その第一歩は，子どもたちが楽しく運動に関わることのできる「時間」・「空間」・「仲間」を設定することから考えることがよいのかもしれません。一方で，専門家による運動（体育）指導を行っている園も数多くあります。専門家の指導に依存し，運動技能の向上を図り，運動する機会を保障しているという認識であるならば，もう一度，子どもたちの運動遊びの意義や役割を再確認し，専門家の指導を通して，保育者自身が学び，日々の保育に生かすことが求められていると捉えなおす必要もあるのではないでしょうか。

第3節　子どもたちの動きから見る基本的な動きとその分類

　子どもたちの動きの観察を通して，84種類の基本的動作があったと報告されています（図表4−1）。また，これらの基本的動作をバランス（姿勢平衡）系，移動系，操作系に分類し，さらに動作の内容ごとに整理しています。

　これらの動作の多くは，意図的に用意された運動遊びの場面で出現するものだけでなく，日常の生活の中で出現する動作も数多く含まれていることがわかります。幼児期から特定の運動（スポーツ）に偏ったりせず，いろいろな動きと出会い，またそれぞれの動きが組み合わさって新たな技能を獲得していきます。例えば，走るという基本動作（移動系水平動作）がありますが，鬼遊び（鬼ごっこ）はその代表例と言えるでしょう。鬼遊びの種類も数多くあります（色鬼，氷鬼，線鬼，バナナ鬼，島鬼，どろけい，フルーツバスケット等）が，ルールが簡単で理解しやすく，すぐにみんなが参加できる鬼遊びは，鬼が走って仲間を捕まえ，捕まった人が鬼になって，これが繰り返し続きます。

図表4－1　子どもの基本的動作（体育科学センター：84種類観察されたと報告（1980））

カテゴリー	動作の内容	個々の動作（一部抜粋）
バランス系	姿勢変化 平衡動作	たつ　わたる　しゃがむ　おきる　ねる　ぶらさがる まわる　ころがる　うく
移動系	上下動作	のぼる　おりる　とびのる　すべりおりる
	水平動作	はう　あるく　はしる　すべる　およぐ
	回転動作	かわす　にげる　くぐる　とまる　もぐる
操作系	荷重動作	もちあげる　うごかす　ささえる　ける　はこぶ　おす
	脱荷重動作	おろす　もたれる　おりる
	捕捉動作	つかむ　まわす　とめる　わたす　ほる　ころがす
	攻撃的動作	なげる　うつ　くずす　ける　ひく　たたく

（出所）小林寛道他　1990　幼児の発達運動学　ミネルヴァ書房　p.281を簡易化（加筆修正）

　しかし，「鬼」という子どもが抱くイメージによって，鬼になることを拒んだり，つかまって鬼になった途端に涙する子どももいます。このような場合，鬼という表現を変えることも一つの方法かもしれませんが，複数の，あるいは大勢で鬼をするような鬼遊びを提案することもよいかもしれません。次のエピソードをみてみましょう。

エピソード1

「先生をつかまえろ！」（3歳児6月）

　バナナ鬼で遊んでいる年長組（5歳児）の後を，3歳児のトモが追いかけています。体が大きく機敏に動きまわる5歳児に比べ，トモは足の運びもまだおぼつかないように見えます。何度かぶつかりそうになったりしながらも，しばらく遊び続けます。しかし，トモが転んだことを機に，年長組のヒデが3歳児担任のマナミ先生のところに，「危ないかも」とトモを連れてきます。マナミ先生は，トモに「じゃあ，先生と追いかけっこしようか？」と言うと，目に涙を浮かべていたトモの顔が，急に明るくなり，先生を追いかけます。それを見ていた3歳児数人が，先生を追いかけ始めます。先生は，途中で振り返り追いかけてくる様子を見たり，「こっちだよ！」と声をかけながら子どもたちから少しの距離を保ち，つかまらないように逃げます。一人が先生をつかまえると，全員が先生に抱きつきます。この後，何回もこの遊びを続けます。「先生をつかまえろ！」は，このクラスで定番の遊びとなりました。

「先生が鬼になって子どもたちをつかまえる（先生につかまるな！）」あるいは「子どもたち
が鬼になって先生をつかまえる（先生をつかまえろ！）」この活動は，3歳児みんなが楽しめ
る鬼遊びになっています。一方，バナナ鬼を楽しんでいる5歳児の動きはどうでしょうか。
5歳児の動きを見ていると，反転したり，鬼がタッチしようとすると上下左右によけたり，
タイミングをずらしたり，鬼がいる方向や距離を確かめて，歩いたり，走るスピードを調整
しながら仲間を救いに行ったり，横跳びをしながら鬼の動きを読み，自分の動きを調整した
りと，「走る」動作のバリエーションも多岐にわたり，動きの質的発展も期待できます。こ
のようなことからも鬼遊びが走る動作を獲得するのに優れているものであることは容易に理
解できることと思います。このエピソードに登場した5歳児は，外遊びで体を動かすことが
好きな子どもたちですが，全員がこのような動き方をするわけではありません。

第4節　運動遊びの「楽しさ」

1．フローの概念と「楽しさ」

　運動遊びの中で感じる楽しさをアメリカの社会学者，M.チクセントミハイ（Mihaly
Csikszentmihalyi）は「フロー（flow）」という概念を用いて説明しています。フローとは，「全
人的に行為に没入しているときに人が感ずる包括的感覚」つまり行為に熱中・没頭して，他
を顧みない状況のときに感じる感覚（＝楽しさ）としています。

　図は，フロー状態を感ずるための行為の機会（挑戦しようとするレベル）と行為の能力（個
人の技能のレベル）との関係を示しています。挑戦するレベルが高く，個人の技能を上回っ
ている場合は「不安」を感じ，逆に挑戦するレベルが低く，個人の技能が優れている場合に

図表4－2　フロー状態のモデル

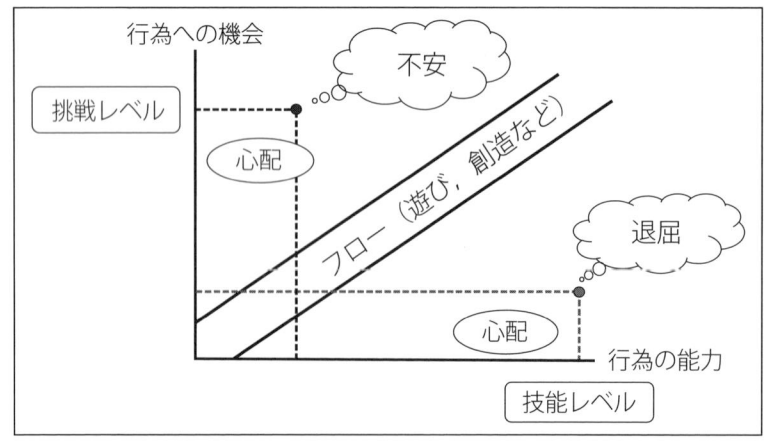

（出所）M.チクセントミハイ（今村浩明訳）　1979　楽しみの社会学　思索社
　　　p.86に加筆

は「退屈」を感じるでしょう。フローの状態を生み出すには，挑戦するレベルと個人の技能レベルが合致したときに経験されます。これは，運動遊びにおいても同様です。ボールゲームなどで，技能レベルが同じであればあるほど結果も最後までわからない。そこに面白さがでてきます。近年，ゾーン（Zone）という言葉を耳にすることがあります。フローと類似した考え方ですが，ゾーンは何らかの目的を達成するための精神集中状態を意味しますが，フローは，極限状態ではなくリラックスしているときにも感じる考え方です。

2. プレイ論から見た「楽しさ」

　子どもたちが運動遊びに夢中になるその原動力は，その遊びの持つ楽しさ（fun）です。R. カイヨワ（Roger Caillois）は，プレイ（遊び）の本質を広い視点から理論化を試みています。遊びは，①他から強制されない自由な活動，②一定の時間，場所で完結する日常とは分離した活動，③結果はやってみなければわからない不確定な活動，④遊びそのものは消費であって非生産的な活動，⑤遊びだけに通用するルールのある活動，⑥非現実的な虚構的活動，の6要素をあげています。また，プレイ（遊び）に駆り立てる基本的欲求から4つのカテゴリー（「競争」「偶然」「模倣」「眩暈」）に分類していますが，これらは，楽しさを構成する特性と捉えておきましょう。

　①競争（アゴン）
　　競争を楽しむ遊びであり，多くのスポーツ種目のように一定のルールのもとに勝敗を競うところに楽しさがあります。ある活動の中で，自分が優れていることを認めてもらいたいという願いが含まれていますが，勝ったという結果ではなく，競い合っている過程が楽しいのです。

　②偶然（アレア）
　　偶然，あるいは運を楽しむ遊びであり，じゃんけんやくじ引きのように勝負を運にまかせ，そのドキドキ感，わくわく感を楽しんでいます。子どもたちと一度じゃんけんを始めると勝ち負けではなく，飽きるまで「じゃんけん」や「あっち向いてホイ！」が長く続くことがあります。

　③模倣（ミミクリー）
　　模擬・模倣を楽しむ遊びであり，自身の人格などを一時忘れ，他の人や動物，物に変身，装うところに楽しさがあります。子どもたちは，うさぎやぞうなどいろいろな動物に変身したり，飛行機や機関車になったりして，虚構（フィクション）の世界を楽しんでいます。

　④眩暈（イリンクス）
　　眩暈（めまい）が起こるような状態を楽しむ遊びです。例えば，ブランコ，滑り台，くるくる回ることによって普段得られない心地よいスリルやパニックを楽しむものです。

3. 運動の特性と「楽しさ」と幼児期の運動の「楽しさ」

　細江（1987）は，運動の特性について，個々の運動そのものが持つ固有の性質や特徴であるとし，①心身の発達や体力の向上に対する効果，②その運動特有の技術や形のしくみ，③子どもにどのような魅力を与え，どのような欲求を充足するのか（機能的特性）の3点から捉えるのが一般的であるとしています。運動遊びに内在している子どもの欲求や必要を充足する機能に触れることによって，運動の楽しさや喜びを味わうことができるとしています。具体的には，勝ち負けを競うことが楽しい運動＝「競争」，物的障害へ挑戦し，それを克服することが楽しい運動＝「克服」，記録やフォーム等の観念的基準に挑戦し，それを達成することが楽しい運動＝「達成」，自由に動き，自由に工夫し，イメージ等を模倣，表現することが楽しい運動＝「模倣・変身」の4つであるとしています。これは，カイヨワのプレイ論と同様に欲求という視点からみています。

　幼児期の運動遊びの楽しさにおいては，遊ぶ空間（場所），遊具，そして使用する道具の大きさ，重さ，硬さ，質感などの環境や，一緒に遊ぶ仲間との関係や保育者との関わりが影響することも多くあります。

4. 運動遊びの好循環

　子どもたちの運動習慣を確立するには，その原動力である体を動かす楽しさ，運動することの楽しさや心地よさを味わうことについてはこれまでも示してきました。そしてそれが継続的に行われるように働きかける必要があるでしょう。これは，指導することを意味しているのではありません。主体的に積極的に運動する仕掛けをつくることだと思います。①運動遊びの機会を増やすこと，これは時間を確保することだけではありません。遊びは深まったり，発展したりするために，何もない園庭にボールを一つ置くとボールけりや的当てが始まったり，ラインカーで長い線を無造作に引いておくだけでも「ドンジャン」が始まったりとさまざまな運動遊びが展開されていくことがあります。このようなきっかけを提供することで，体を動かすことが好きになったり，楽しさや喜びを感じることは，結果的に子どもたちの運動能力や体力の向上を後押しすることになります。また，その中で上手にできたり，褒められたりする経験（成功経験や達成経験）は，自分もできる，運動を通して活躍している自分がより好きになるなどの自己肯定感を育み，次の活動へのモチベーションとなり，運動遊びへの積極的な参加態度となるでしょう。これを繰り返すことによって運動することが習慣化し好循環をつくりだすことが期待できます。

　次のエピソードをみてみましょう。

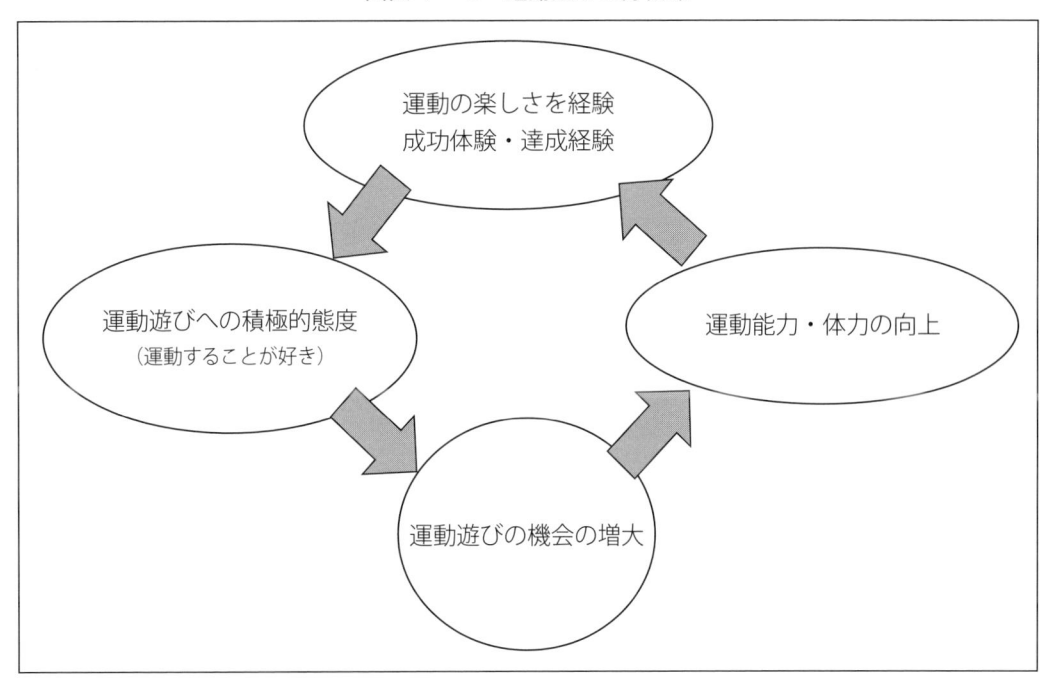

エピソード❷

「運動会のクラス対抗リレー」（5 歳児 9 月）

　5 歳児のリョウは，運動会のクラス対抗リレーを楽しみにしています。「リレー，やるんだよね」と，担任のマミ先生に何度も確認します。この幼稚園では年長が 2 クラス。ライバルである隣のクラスに勝とうと，意欲的な子どもが多くいます。しかし，クラスの中には足が遅く，どうしても隣のクラスの子どもに抜かれてしまう子どももいます。何度も負けを体験し，リョウはある日，家で，「どうしたら速く走れるか」と，お父さんに相談したそうです。翌日，リョウは「みんなに話があるんだ。大事な話」と言い，朝の集まりのときに「速く走る方法」をみんなに話します。身振り，手振りをしながら，「手を大きく振る」「背筋をのばす」「腿を上げる」という 3 点をクラスの子どもたちに伝えます。それでもピンと来ていない子どもには，「一緒に走ろう」と誘い，リョウがその子と並走します。遊びの中でのリレーでは，いつも負けていたこのクラスですが，3 回に 1 回は勝てるようになってきました。他の子どもたちも「バトンを落とすと負ける」と言い出し，バトンパスまで練習しました。「朝練するぞ！」などの声も上がります。運動会では，念願だった隣のクラスに勝ち，何事にも控えめだったリョウも，これを機にすっかり自信をつけたようです。リョウは，運動会が終わっても毎朝お父さんとのマラソンを続けたそうです。

　毎年，年長のリレーでは物語が生まれます。「オレ，絶対にアンカー！」と，アンカーを

譲らなかった子どもが，リレーで何度も追い抜かれたり，相手を追い越せなかったことから，「もしかしたら，自分は思っているほど足が速くないのかもしれない」と，客観的に気がついたのでしょうか。突然「オレ，アンカーじゃなくてもいい」「速いから，ケンタがアンカーになればいい」などと言い出したりもします。勝つためには，自分を抑えることもします。運動会では負けたけれど，普段は強いところを家族に見せたいと，子どもの発案で降園時に迎えに来た家族に，もう一勝負して見てもらうことを企画，実行した学年もありました。もちろん，運動会後にもリレーは続きます。このように，運動会の種目がきっかけとなって子どもたちは，運動することの楽しさや喜びを味わい，継続的に体を動かすことも期待できます。

コラム

「自分を守る力」

　幼稚園運動遊びは，子どもたちの心身の成長に欠かせない要素です。身体的な健康だけでなく，社会性や学習能力の発展にもつながります。とりわけ，当園では「心身の発達」に焦点を当て，「自律心」と「自分を守る力」の発達を促すような取り組みをしています。

　3歳の運動遊びでは，基礎的な体の動かし方や，かけっこのようなルールが無くても体を動かして楽しいと思える活動が中心です。

　4歳になると，ルールのある遊びを楽しいと思えるようになり，体操や活動で行った遊びを自由遊びの中に取り入れ始めます。そこから自然と社会性は育っていき，より高度なルールの遊びや，複雑に体を動かす遊びを楽しいと思えるようになります。当園では4歳の後半から，体操の活動や普段の遊びの中でバランスゲームやブリッジなどを行います。バランスゲームは一見ただ頭巾を頭の上に乗せているように見えて，バ

写真4－1　バランスゲーム

ランス感覚や集中力，体幹なども鍛えられます。それらの遊びを通して，柔軟性やバランス感覚を身につけていき，5歳の運動会で一人組体操を披露します。皆ができないといけないというわけではなく，一人一人が自分のペースで楽しく取り組むことができるようになります。

　また，それらの遊びは「心身の発達」にも「自分を守る力」にも大きく影響します。

　柔軟性や，バランス感覚を身につけることは危機回避能力の習得にもつながります。豊かな運動の経験から，園の方針でもある「自分の事は自分で守る」を3年間でしっかりと身につけてもらいたいと思っています。

（川崎市　有馬白百合幼稚園　持田啓太）

第5節　運動遊び場面にみる保育者の支援

　保育時間内の園庭でも，降園後の公園でもみられる光景として，何かに没頭して遊んでいると，ふと顔を上げ保育者や保護者を探し確認することがあります。手を振ったり，声を一言かけるだけで，また遊びに戻ります。子どもたちは，自分を見ていてくれるという安心感を得ますし，保育者や保護者を心の拠り所として，安定感をもって活動することができます。時折，「みて！　みて！」とアピールする子どもがいますが，褒めてもらいたいという思いばかりではなく，その存在を認めて欲しいからかもしれません。

1．発育段階と運動遊び

　子どもは「頭でっかち」といわれます。身長と頭長との比からも，新生児では4対1，2歳では5：1，6歳では6：1，成人では8：1と変化していきます。このことは，単純に4頭身から8頭身へと体格が変化するだけでなく，重心の位置も変化するということです。重心が高ければ安定性は悪くなりますし，子どもは転びやすいと言われる理由でもあります。では次のエピソードをみてみましょう。

エピソード3

「かけっこのスタート」（4歳児9月）

　アキオは小学4年生の兄に憧れているためか，幼稚園でのかけっこでもスタート時，「カッコイイ走り方だ！」「速いぞ！」と言い，クラウチングスタート（のようなポーズ）をしたがります。他の子どもはみんなスタンディングスタートです。立ったままスタートするのに比べ，アキオは「ドン」の合図で立ち上がりそれから走り始めるので，他の子どもよりも1拍遅れます。アキオのスタートを見た子どもたちは，「オリンピック選手みたいでかっこいい！」と言い出し，真似をします。一時は子どもたちの間でブームになりましたが，スタート直後にお尻をあげるのに時間がかかったり，足をスムーズに運ぶことができず，飛び出した時点で転ぶ子どもが多く，何度も他児に負けます。子どもたちは，次第に自分でスタンディングスタートに戻して走るようになりました。

　陸上短距離選手などは，「クラウチングスタート」で行います。子どもたちにとっては憧れかもしれませんが，体の重心が高い位置にある子どもたちがクラウチングスタートで，前傾（事例にもあったお尻をあげる）姿勢をとり，スタートの合図とともに思いきり地面を蹴っ

た場合，上体を起こす前にバランスを崩し頭から転ぶことが容易に想像できます。小学校低学年まで，運動会の競走でもスタートの姿勢は「スタンディングスタート」であることは納得できることかと思います。

　また，鉄棒に乗って前傾姿勢をとり，電線にツバメがとまっているかのような姿勢をとる「つばめさん」という技があります。保育者が「先生と同じように，こうやるんだよ」と声をかけ，おへそより下でバランスをとっていますが，子どもたちが真似すると前方に回ってしまうか，必死に腕を振るわせて前方に回転しそうな体を支えています。「おへその上でバランスとって」という声かけがわかりやすいのかもしれません。このことは，安全に運動遊びを進める上でも注意しておきたいところです。

2．保育者のさりげない行動と運動刺激

　砂場で遊んでいる子どもたちと保育者の関わりの中でこんな光景がありました。地面にお尻をついて砂遊びをしている子どものお尻を，保育者はさりげなくポンポンと無言で軽くたたきます。その行為は，砂でズボンが汚れてしまうからでしょうか。みなさんは準備運動を始めるときに何から始めますか。多くはこれまでの経験から「屈伸」と回答するのではないでしょうか。この屈伸運動は，第二の心臓ともいわれるふくらはぎの筋肉を収縮・伸長させ，血液を全身にそして細部にまで運びます。この作用をミルキングアクションといいますが，砂場にべったり座って遊んでいる子どもと，動きながら屈伸運動を繰り返す子どもでは，遊びを通した運動刺激も違ってくるのではないでしょうか。体のことを理解して，さりげなく援助できる保育者に微笑んでしまいました。

```
考えてみよう！
```

➡ これまで経験した鬼遊び（鬼ごっこ）を3つ挙げてみましょう。また，その鬼遊びでの運動量，ルールの簡易さ，そして中心となる楽しさについて考察してみましょう。

➡ 子どもたちに運動遊びを提案しようと思います。どのような運動遊び（活動内容）を考えますか。また，提案する運動遊びは，どのような運動の楽しさを含んでいるか検討しましょう。

引用文献

M. チクセントミハイ（Mihaly Csikszentmihalyi）今村浩明訳　1979　楽しみの社会学─倦怠と不安
　を越えて─　思索社　p.66, p.86

R. カイヨワ（Roger Caillois）　清水幾太郎・霧生和夫訳　1970　遊びと人間　岩波書店

細江文利　1987　内容選定の視点　宇土正彦（編）　小学校新しい体育の考え方・進め方　大修館
　書店　pp.74-75

第5章 人間関係の領域から子どもの育ちを考える

本章で学ぶこと　現代社会は，情報化の進展や多様化により大きく変化しています。この変化は新たな機会をもたらす一方で，さまざまな課題も生んでいます。私たちはこれらに柔軟に対応し，持続可能な未来を築くために努力し続ける必要があります。

　ここで，人間関係について考えてみましょう。保育者はこれまで人と人との温かい触れ合いを通して，信頼関係を育むことが重要な使命だと考えてきました。しかし，今ではインターネットなどの普及により，他者と直接会わなくてもコミュニケーションが取れる時代になりました。それでは，情報化社会以前と現代では人との関わりで大切にしたいことが違うのでしょうか。

　第5章では，変わりゆく社会の中で，保育者が子どもの well-being を願い，他者と関わる力を育むためにどのような支援をすれば良いのかについて考えます。

▶▶▶ キーワード：信頼関係，絆，役割分担，協同性，世代間交流

第1節　子どもと保育者の温かい絆

エピソード1

「同じおかず，同じポテト！」（3歳児4月〜11月）

　3歳児のジュンヤは，緊張度の高い子どもです。4月に入園してから一度もお弁当を食べようとしません。担任のホノカ先生がジュンヤのカバンからお弁当を取り出し，テーブルの上に用意してもすぐにしまってしまいます。保護者は，ジュンヤは緊張度が高く，なかなか周りとなじめないことを理解していました。お弁当を食べずにいても，「うちの子らしい」「お腹が空いたら，家で食べるから」と，笑っていられるような大らかさがありました。ホノカ先生は，ジュンヤと家が近い顔見知りの子どもを同じグループにしてみたり，お弁当時に好きな音楽をかけてみたり

と工夫しましたが，夏休みまでお弁当を食べることはありませんでした。夏休みが明けると，ホノカ先生は「ジュンヤがお弁当を食べられるための大作戦」を練り始めました。保護者からジュンヤの大好物がフライドポテトであることを聞いたホノカ先生。毎朝早起きをしてポテトを揚げ，自分のお弁当箱に入れるようにしたのです。「ジュン君のお弁当箱にもポテトが入っているかな？」と，ジュンヤのお弁当箱を開けてみます。「あ！　あった，あった！　ジュン君のお弁当にもポテトが入っていた！　先生と同じだね」。

　夏休み明けからポテトを揚げ続けたホノカ先生の思いが届いたのでしょうか。ジュンヤはある日突然，ホノカ先生とフライドポテトの交換をし，モグモグ食べました。秋も深まった11月のことです。それから，ジュンヤは毎日「ホノカ先生と同じ！」と言ってお弁当を完食するようになりました。

　みなさんも，初めての集団，初めての場所は緊張するのではないでしょうか。ジュンヤは幼稚園に入園するまで家で生活していたので，初めての集団生活になかなかなじめなかった，心を許すことができなかったのだと思います。本来でしたら，お弁当を一口も食べないことを心配しそうですが，ジュンヤの保護者は我が子への理解が深く，寛容な方でした。そして，ホノカ先生も焦らずにジュンヤとの距離を少しずつ縮めていこうとしました。私が担任だとしたら，「なぜ食べないのだろう？　なぜ？　なぜ？」という思いに囚われてしまうと思います。毎日問いただしてしまったかもしれません。ホノカ先生にはジュンヤの気持ちがわかったのでしょうか，慌てることをせず，ジュンヤのペースを感じながら願いを込めて傍らにい続けました。ホノカ先生とつながりを持てたジュンヤは，徐々に行動範囲を広げ，交友関係を広げ，ワンパクな年中さん時代を経て，いたずら好きでスポーツが得意な年長さんになりました。

　この2人を近くで見ていた私は，心許せる保育者がいてこそ安心して心を開き自分を出すことができ，安定して生活できるのだとしみじみと感じました。

　ホノカ先生は，ジュンヤがお弁当を食べないことを園の保育者や職員に，機会があるごとに話してくれていました。園長先生も私たち仲間の保育者も，心の中でジュンヤとホノカ先生のことをずっと応援していたのです。ですから，ジュンヤがポテトを食べたと聞いたとき，園全体が喜びに包まれました。

　保育者同士の人間関係もまた，子どもの育ちを支えることにつながるのだと考えます。

第2節　同じ場所で遊ぶ

　園生活に慣れてくると，3歳児の子どもたちも自分で遊びたい遊びをするようになります。同じような遊びに興味を持つ子どもが，同じ場所で同じような遊びをすることにより，仲間との触れ合いが生まれるようになります。

　次に，3歳児の1月，子どもたちが遊ぶエピソードを読んでみましょう。

エピソード2

「友達と一緒に遊ぶ楽しさ〜それぞれの参加の仕方〜」（3歳児1月）

　1月の誕生会で，保育者が「てぶくろ」のペープサートを子どもたちに見せたことをきっかけに，3歳児クラスで「てぶくろごっこ」が始まりました。テーブルの上に空き箱を置き，それをてぶくろに見立てているようです（テーブル劇）。子どもたちは，玩具として保育室に用意されている高さ15cm位のぬいぐるみや，塩化ビニール製のキリンやゾウなどを用いています。本来「てぶくろ」には，ねずみ・かえる・うさぎ・きつね・おおかみ・いのしし・くまの順番で登場し，てぶくろに入る物語なのですが，そこは3歳児の面白いところ！　ぬいぐるみのアヒルをねずみということにして用いたり，キリンをうさぎ役に見立ててもまったく問題がないのです。また，絵本では各動物が1匹ずつ登場しますが，うさぎ役をしたい子どもが2人いても3人いても当然のように物語が進んでいきます。出てきた順にてぶくろに見立てた空き箱の後ろに隠れるのですが，あまりに動物が多く，隠れる空間がなくなると，子どもは急いで工作用の空き箱入れから大きめの箱を出し，てぶくろの箱につなげます。とても楽しそうなので，担任のユミ先生はニコニコしながらこの様子を見ていました。そこにユウスケがやってきて同じテーブルで指人形を使い，自分だけの遊びを始めます。ユウスケは，時々並べられたものを手で払うことがあったので，ユミ先生は慌てました。「せっかく劇遊びが始まったのに…」と。そのとき，劇をしていた子どもたちから「次，誰（何の動物）だっけ？」という言葉が聞こえてきます。どうやら，絵本と同じ順番で動物を登場させたいようです。ユウスケは指人形を操りながら，「灰色おおかみ」と，ボソッとつぶやきました。絵本を持ってきたミユが絵本をめくり，「本当だ！」と声を上げました。どうやら，ユウスケは単に同じテーブルで独自の遊びをしていたのではなく，邪魔をしようとしたわけでもなく，ユウスケなりに劇遊びに参加していたようだと，ユミ先生は後から考えを改めていました。

　注）本エピソードは，竹林美紀子編　2004　保育技能の探求　建帛社　第3章1（3）事例を加筆修正したものである。

3歳児も後半になると，子どもたちは保育者に見守られ，友達と関わりながら遊びを進めていく姿が生まれてきます。何かになりきって遊ぶなど，ごっこ遊びが楽しくなったりする時期でもあります。とはいえ，まだまだ3歳児。自分の思いを相手に伝えられなかったり，すんなりと友達の遊びに入っていけなかったりもします。個人差はありますが，遊びを通して友達と関わり，お互いの考えや思いに触れ，時にはトラブルにもなりますが，保育者の支えの下で「楽しかった！」「面白かった！」という思いを十分に体験し，やがては協同性の育ちにつながるのだと考えます。

（岡田たつみ）

第3節　「自分が」から「みんなで」へ　協同的遊びへの発展

　子どもたちは，それぞれの興味や関心（好奇心）を原動力に目的をもって遊んでいます。例えば，砂場で5人の子どもたちが遊んでいます。遠くからは，みんなで仲良く遊んでいるように見えるかもしれません。しかし近くで観察していると，カップを使って砂のプリンをたくさん作っている子ども，黙々と砂山を大きくしようとしている子ども，砂団子を作っている子ども，ただ他の子どもが遊んでいる様子を見ている子ども等，それぞれ5人が違う遊びを楽しんでいることがあります。つまり，お互いの遊びの関係性はなく，ただ遊ぶ場（空間）を共有しているだけであり，一人遊びなのです。これは，発達とも関係していますが3歳までによくみられる光景といえます。

　一人遊びから，他の子どもの遊びが気になったり，同じことをしてみたくなり，自分もその場で遊びたくなったり，他の子どもが使っている道具を使いたくなったりしてきます。ここでいざこざが生じることもありますが，4歳を超えたころから，協同的な遊びへと発展していきます。これまで見たことのある光景や活動を思い浮かべることができるようになると，ごっこ遊びを通して一緒に何かをしようとすることが少しずつ増えていきます。例えば，これまでにバスに乗って運転手さんの動きを観察したことを思い出し，小さなフラフープや洗面器をハンドルに見立て，自分は運転手，友達はお客さんとなりバスごっこが始まり，途中で運転手とお客さん役を交代しながら楽しむ様子が見られたり，また，お父さん役，お母さん役，子ども役とそれぞれ役を決めて，それぞれの役割を演じながら，おままごとを楽しむことができるようになってきます。おままごとは，大抵，遊びを仕切る中心的役割を担う子どもの存在がありますが，それぞれの役割での言動は，普段の家庭での生活の様子を垣間見ることができ，微笑んでしまうこともあります。

　さらに，次のエピソード「役割分担のはじまり」のように，みんなで一つの目標を達成することに価値や喜びを見いだすことができるようになってきます。協同的遊びがより組織的

になっていきます。

　積み木を高く積み上げる役は，ヒーロー的存在でもあり誰もがやりたいと考えがちです。しかし，自分の目標でもあり，みんなの目標でもある「高く積み上げる」ことを達成するために，自分は積み木を選び，積み上げている仲間に手渡しする役，全体を見てバランスを指示する役，応援する役とそれぞれが一つの目標に向かって関

わっていきます。徐々に役割分担が明確になり，また事前にそれができるようになっていきます。ですから高く積み上げることができたときには，みんなが歓声を上げ，役に関係なく大喜びで，達成感を共有しています。

エピソード3

「役割分担のはじまり」（4歳児7月）

　そら組（4歳児）に進級してから3か月が経ちました。ヒトミはクラスにあるかまぼこ板のような小型積み木を積み上げることに夢中です。何日か前に，5歳児が作った積み木タワーを見てから，自分も作りたくなったようです。ヒトミが懸命になるのもよくわかります。天井に付くほどのタワーだったからです。まず，床に一段目を敷き，次は二段目。三段，四段と積み上げたころには，一緒に作りたい子どもが集まってきます。とうとう，子どもの目の高さほどの高さになると，誰かが椅子を持ってきました。ヒトミは椅子に乗り，慎重に積み木を積み重ねます。「やらせて」「やらせて」と押し合いへし合いが始まると，ガッシャーンと大きな音を立ててタワーが崩れます。「そっとじゃないと，ダメなんだよ！」ヒトミが口調を荒げます。ちょうどそのとき，5歳児の子どもたちが自分のクラスの積み木を運んできてくれました。「タワー作るんでしょ？　貸してあげる。」5歳児クラスの積み木を貸してもらったそら組の子どもたちは，自分たちで天井まで届くタワーを作れるかもしれないのです。取り合いをしている場合ではなくなりました。

　子どもの椅子では手が届かなくなると，今度はオルガンの椅子を持ち出し，その上に登り積み続けます。誰ともなしに，椅子の上のヒトミに積み木を手渡し始めました。しばらくすると，ヒトミは「疲れた。代わって」と，台の上の子どもに積み木を手渡す役になりました。とうとう，オルガンの椅子に登っても手が届かなくなりました。「先生！　階段貸して！」担任のマサミ先生は目を丸くしています。「階段？　あー，脚立のことね」倉庫から，ワッショイワッショイと運んできた脚立は，高くて登れる人が限られていました。トシキが「オレ，登れるよ」と言うと，ヒトミたちはお任せです。次から次に積み木をトシキに手渡します。高くなったので，床から拾う人と，トシキに手渡す中間地点の役も生まれました。もちろんマサミ先生に支えてもらいながらですが，とうとう天井まで届くタワーが出来上がりました。「ヤッター！」みんなで大喜びです。

子どもたちはマサミ先生に「これ，壊さないで取っておいて」と言います。「んー！　それは難しい！」マサミ先生は頭を抱えていましたが，お弁当はタワーの周りでそっと食べることにし，降園前に小型積み木は一つずつ積み木入れの箱にきれいに並べられました。

第4節　協同的遊びからルールのある遊びへ

　順番を守る，使ったクレヨンは元の場所に戻す，狭い保育室では走らない等，多くの「約束」，「とりきめ」，「ルール」があり，それを守ることは，安全にそして秩序をもって生活するうえでとても大切なものです。しかし，一方的に禁止事項を並べても，そのルールを守ろうとする意識やなぜ守らなければいけないのかといった道徳性や社会性が育つとは思えません。

　子どもたちは遊びを通して，自分たちの遊びだけに通用するルールにしたがって遊んだりしています。特に一緒に遊ぶ楽しさを経験することによって，ルールのある遊びを好むようになってきます。例えば，砂場の使い方でも，「入口はここね」「うん，わかった！　わかった！」という合意のもとで遊びが進みます。しかし，そのとりきめが守られなかったとき，怒ったり声を荒げたり，「もうやめた」と遊びが消滅したりします。また，滑り台の階段を一歩目は右足からといった大人には理解できない約束をつくって遊んだりします。子どもたちは，自分たちでつくったルールを守ることを楽しむこともあるでしょう。一方で，少し複雑なルールの鬼ごっこ（バナナ鬼，ドロケイ等）では，みんながルールを共有してこそ楽しさが膨らみます。運動遊び等はルールが具体的であり，動きながらルールを理解することができることから，規範意識を育てる上で優れた活動なのかもしれません。

　ルールは，みんなが楽しく遊ぶために，その場に応じてつくられ，その場にのみ適用される非形式的なルールと，意図的につくられ理解して遊ぶ形式的なルールがあります。もちろん，小さな集団で非形式的なルールで遊んでいたものが，クラスにそして園全体に広がること，すなわち形式的なルールへと発展することもあります。

エピソード4

「氷鬼」（4歳児9月）

　4歳児クラスの子ども，6〜7人が氷鬼をしています。ショウタが怖い顔をして担任のカオリ先生のところに寄ってきます。「マサキのこと，タッチしても氷にならないんだ！」「氷鬼ができないよ！」カオリ先生がマサキに「タッチされたら氷になるんじゃないの？」と聞くと，「暑いから氷にならないんだよー」と答えます。カオリ先生がマサキの言い分に笑ってしまうと，ショウ

タは「だめだ！　辞める！」と，怒って抜けていきました。それでも，残った子どもたちが鬼ごっこらしきものをしていましたが，自然解散になってしまいました。

　翌日，マサキが「氷鬼しよう」と，数人に声をかけます。ショウタは「氷にならないと氷鬼にならないから，オレはやらない」と言います。マサキは「氷になると，動けないから嫌だ」とも言います。どうやら，マサキはずっと動いていたい様子です。「ふつうの鬼ごっこをすればいい」という声も上がりますが，少し複雑なルールのある遊びをやってみたい子どももいます。少しもめたのち，誰かが「じゃあ，マサキはずっと鬼をしていればいいんじゃない？」と言い出します。ショウタは怒った顔をしていましたが，氷鬼をはじめました。この日は保育者も加わり，水飲みなど，途中休憩をはさみながら，この遊びが 30 分ほど続きました。

　4 歳児のこの時期は，ルールをわかっていても，自分の気持ちをコントロールするまでにはいたらないため，途中で自然解散になってしまうことも多くみられます。運動量の確保をねらいとするのであれば，保育者が仲間に入り，ある程度交通整理をすることも必要ではないかと思います。しかし，5 歳児に近づくころには，みんなから「それでは遊びにならない」などの言葉や体験の積み重ねから，徐々に自己調整をしてルールを楽しむことができるようになっていきます。

（浪越一喜）

第5節　5歳児の子どもたち

　進級直後の 5 歳児は，最上級生になった喜びを感じ，張り切ったり，子どもによっては背伸びをして年下の子どもたちの面倒を見ようとしたりと，大きくなったことを意識しながら生活を送ります。しかし，園生活においては最も年上の子どもたちとはいえ，まだまだ幼児です。進級直後から，頼もしい最上級生であるわけではありません。5 歳児の 1 年間でさまざまな出来事に出会い，遊びや生活を通して少しずつ仲間との関係を築き，他者の気持ちに気付き，そして自己調整力をも育んでいきます。

　次に，5 歳児が 1 月に夢中になったコマ回しの様子をエピソードとして記します。このエピソードは，クラス全員がそれぞれコマを回せるようになるまでの出来事や，思いを綴った保育記録が基になっています。ここでは紙面の都合上，5 歳児の一人，カズに焦点を当てて示します。

「コマ回し」（5歳児1月）

　3学期の始業式に，園長と保育者全員が子どもたちの前で木ゴマを回して見せました。それを機に，子どもたちは園長から一人一つの木ゴマをもらいます。次々にコマを回そうとする子どもたちですが，まず紐を巻くことが難しく，手こずります。中には早々にあきらめ，ロッカーに自分のコマをしまう子どもも。カズは，午前中いっぱい奮闘して回せるようになりました。みんなから「コマがうまくて格好良い」とあこがれの目で見られるようになります。それまで，どこか自信が持てないように見えたカズでしたが，コマを一番に回せるようになると，園長にコマ対決を挑んだり，回せない子どもたちに教えたりと，活き活きと輝いた笑顔を見せるようになりました。カズに教わり次々にコマを回せる子どもが増えていきます。それから2週間もたたないうちに，カズは家から玩具の仕掛けコマを持ってきて仲間と戦うようになりました。「木ゴマで勝負しろ！」と友達に言われたカズは「いいんだもんね」と言います。時々，木ゴマで勝負をしますが，以前のようには勝つことができません。癇癪を起こしたのか，カズは自分のコマを壁に投げつけることもありました。それを見ていた担任のミク先生は「どうしたのだろう？　せっかく自信をつけてきたようなのに…」と心配しました。数日後，カズは仲間が遊んでいるコマバトルに木ゴマを使って参戦しますが，すぐにバランスを崩して倒れてしまいました。カズは情けなさそうな顔をして，黙ってミク先生にコマの軸を見せました。先端（地面につくところ）がボコボコになっています。誰よりも早く回せるようになったカズは，誰よりも練習し，誰よりもコマで遊んだため，一番早く軸の先端が削れてしまい，軸もズレてしまったようです。先生の提案で，カズは紙やすりを使い先端を削り，整え始めました。バランスを確かめては削り方を調節します。他の子どもたちのコマも次々にバランスが取れなくなってきました。すると，カズが「削ってやろうか」と声をかけ，一緒に削り始めます。こうして，コマ遊びは形を変えながら続いていきました。

注）本エピソードは，岡田たつみ　「コマ回し」を再度振り返って　保育の実践と研究　建帛社
　　pp.101-139　の一部を加筆修正したものである。

　ミク先生は，「なぜ，カズのコマがボロボロになっていることに気付いてあげられなかったのだろう…」と，とても後悔していました。その気持ちもわかりますが，カズが友達から「同じ木ゴマで勝負しろ！」と言われ，傷ついたコマで勝負をし，はじめて自分からミク先生にコマを差し出したことにも，大きな意味があるのではないかと考えます。また，仲間たちは，自分のコマが同じように壊れかけ，ようやくカズの気持ちが理解できたのかもしれません。この後は，軸が抜けるようになるとセロテープを巻いて軸の太さを増して抜けなくする，軸を削ったためにバランスが悪くなると，ビニールテープを貼るなどして重さを調節す

る，安定度を高めるために軸を下の方で固定する，などの工夫や調節をみんなでするようになりました。ミク先生は，このときのことを思い出し「子どもたちは，私が想像もつかないくらいの可能性を秘めている」と言っていました。

　このような体験こそが，子どもたちが共通の目的を見出し，共に工夫したり協力したりし合う姿であり，その積み上げが，生きていく上で重要な力をつけることにつながるのだと考えます。

（岡田たつみ）

第6節　シニア世代との交流を通して育む人間関係

　少子高齢化が急速に進行する中，幼児と高齢者との関わりについて幼稚園教育要領（文部科学省，2017）における領域「人間関係」では，「高齢者をはじめ地域の人々などの自分の生活に関係の深いいろいろな人に親しみをもつ」ことの大切さが示されています。そこでは，「自分の生活に関係の深いいろいろな人と触れ合い，自分の感情や意志を表現しながら共に楽しみ，共感し合う体験を通して，これらの人々などに親しみをもち，人とかかわることの楽しさや人の役に立つ喜びを味わうことができるようにすること」とあります。

　一方，高齢者にとっても，「高齢者が自分の能力を生かし地域社会に積極的に参加することは，より自分らしく生きがいのある充実した人生を送ることにつながる」（厚生労働省，2004）との観点から，ボランティア活動等を通して高齢者を地域の人材として活用していくことの大切さを謳っています（厚生労働省，2015）。こうした幼児と高齢者をつなぐボランティア活動の一つに「絵本の読み聞かせ」があります。

　この取り組みについて，筆者は学生を引率して幼稚園を見学したときに初めて知りました。子どもたちは，外部から来たシニアの方の読み聞かせに少し緊張しながらも夢中で聞き入り，また，読み聞かせをするシニアが子どもたちに生き生きと関わる姿が印象的でした。この活動についてもっと知りたいと思い，お話を伺った際に語られたエピソードです。

⬛エピソード❻

「そんなこともあるさ！」

　シニアボランティアのＩさんが幼稚園の5歳児クラスで読み聞かせをしていたときのことです。子どもたちが集中して聞き入っている最中に「ピ，ピ，ピ…」，こともあろうにＩさんの携帯が鳴ってしまいました。いつもは必ず携帯のスイッチをオフにしているのですが，その日は直前に連絡が入り，うっかりオンのままだったのです。Ｉさんは大慌てでスイッチを切りましたが，申し

訳なさに頭の中が真っ白になってしまったそうです。そして，子どもたちに「ごめんなさい，ごめんなさい」とひたすら謝りました。

　そのようなときに，子どもたちからどのような言葉が返ってきたと思いますか？　それは「そんなこともあるさ！」でした。Ｉさんは，このひと言に救われるとともに，子どもの口からサッと出た，相手を思いやり勇気づける言葉にハッとさせられたそうです。そして「人として大切なことに気づかせてもらえるこの活動に喜びを感じる」と嬉しそうに語ってくださいました。

　このエピソードから皆さんは何を感じますか？

　シニアによる読み聞かせ活動には，世代間交流により子どもの人間関係を広げ，昔ばなしを語り継ぐなど絵本を通して文化を伝承するという点に意義があり，ボランティアの方々は入念な準備をして臨んでいます。そして，定期的な訪問を子どもたちは楽しみに待っていて，「今日はどんなお話かな？」とワクワクしながら読み聞かせを楽しんでいます（平沼，2021）。こうしたシニアと子どもたちとの温かい触れ合いの中で育まれた信頼関係が「そんなこともあるさ！」のひと言に繋がったのではないでしょうか。そこには，先述の幼稚園教育要領に示されているように，高齢者をはじめ地域の人々と共に楽しみ，共感し合う体験を通して，人と関わることの楽しさや人の役に立つ喜びを味わう子どもたちの姿が映し出されていると感じます。

　一方で，Ｉさんのお話にあるように，大人になると忘れかけていた大切なことを子どもたちから気づかされます。日々の生活の中で互いを認め合い，支え合うことを体験していなければ，「そんなこともあるさ！」のひと言は出てこないでしょう。このように，親や保育者，仲間と生活を共にする中で見て，感じて，学んだ，とても大切な「人と関わる力」が子どもたちの中に育ち，読み聞かせの場面ではシニアボランティアへの思いやりとして表れている点に畏敬の念を抱きます。その意味でも周囲の大人は身近にいるモデルとなり子どもに大きな影響を与えていることを，あらためて認識しなければなりません。

　シニア世代との交流に見るように，保育における地域との連携は子どもたちの人間関係を広げ，核家族化が進む現代において子どもたちが地域の人々との関わりの中で生きているということに気づく貴重な体験となります。同時に，地域に親しみを感じることにも繋がることから，持続可能な地域の実現という点でも重要な意味を持ちます。

（平沼晶子）

考えてみよう！

➡各エピソードにおける保育者の援助について考えてみましょう。

➡エピソード6「そんなこともあるさ！」に，保育者の姿は描かれていませんが，このクラスの
　保育者は，どのような役割を担っているのかについて考えてみましょう。

引用文献

厚生労働省　2004　全国高齢者保健福祉・介護保険担当課長会議資料
　　<https://www.mhlw.go.jp/topics/kaigo/kaigi/040219/index.html#2-3>
　　（2022年11月13日10時45分）
厚生労働省　2015　介護予防・日常生活支援総合事業ガイドライン白書
平沼晶子　2021　就学前保育・教育施設で絵本の読み聞かせを行うシニアボランティアの語りにみ
　られる活動の意味　子育て研究　第11巻　pp.3-16
文部科学省　2017　幼稚園教育要領　フレーベル館

参考文献

岡田たつみ　2004　保育実践の中の保育技能　竹林美紀子編　保育技能の探求　建帛社　pp.101-
　139
岡田たつみ　2003　「コマ回し」を再度振り返って　保育の実践と研究　建帛社　pp.25-45

子どものかすかな心もちに触れる〜実習生の心の揺れから〜

　領域人間関係の中で，一つの柱になるのは「人との関わり」です。ここでいう「人」とは，友達であったり，保育者であったり，両親や兄弟，近所で挨拶をする人たちなど自分の日常生活の中で触れ合い，関わり合う人たちです。幼児期は，そうした人々との関わりの中で，例えば認められたり，協同して何かを成し遂げたり，折り合いをつけるような体験をしたりすることにより，多くのことを経験したり，学んだりしながら成長していきます。

　多くの子どもにとって，初めて家庭の外に出て生活する場所が保育所や幼稚園となります。その中で営む集団での生活は，それまでの家庭での生活とはまた異なり，友達や保育者と一緒に遊ぶことを楽しんだり，喜びを感じたり，少しずつ身の回りのことを自分でできるようになる自分を誇らしげに感じたりするなど，周囲のさまざまな人々との関わりの中で学んでいきます。そして，そうした集団での育ちは個の育ちを支え，個の育ちが集団での育ちを安定させてくれます。

　保育の中でよく聞く言葉の中に「一人ひとりの子どもを理解する」というものがあります。子ども一人ひとりは，性格も違えば，興味や関心も異なります。例えば，同じ砂場遊びをしている友達同士であっても，深い穴を掘ることを楽しむ子どももいれば，長い川を作ろうと意気込む子どももいます。それぞれの子どもがそのときに何を考え，何に興味を持って，何を楽しんでいるのか，「今この瞬間」にはわずかであれ違いがあります。

　そして，保育者はたくさんの子どもたちが思い思いに活動している中で，集団に目を向けながらも，個々の子どもの「今この瞬間」を捉えていくことも大切なのです。しかし，実際には，集団に目を向けていると個々の子どもへの対応が疎かになってしまうとか，個々の子どもに目を向けすぎると集団への視野が狭くなってしまうといった声も聞かれ，保育者の葛藤の一つでもあります。

　ここで，幼稚園教育実習に行った学生が書いた子どもとの関わりのエピソードを紹介したいと思います。

「パンツマン〜子どものかすかな心もちに触れる」（5歳児6月）

　アキトは，服が水浸しになって「着替える」と言ったので，一緒にひばりの部屋に向かった。園服を脱いで，ズボンも脱いだときに，「はだかんぼ」とぼそっと言い，「ふふ，はだかんぼアキトだ〜」と私が言うと，上の洋服も脱いでひばりの部屋を走り回った。そして，他の部屋にも行き，みんなに「パンツマンだー」と言われ，笑って逃げていた。私は，「パンツマンどこだ〜??　と探し始め，つばめの部屋でピアノに寄りかかっているアキトを見つけ，「パンツマンアキト発見したぞ」と後ろから抱え込むように捕まえた。アキトは「キャキャキャ」と笑って，2人でゴロンと横になって少しゆっくりした。

　アキトが裸になった瞬間，ニヤッと表情が変わったことに気づいた私は，"これはもう服は着ないだろう"

と思った。自分だけがパンツ一枚になって，みんなから「パンツマン」と言われ，いつもとは違う景色，外は雨で暗いが，心だけがパーっと明るくなっているように感じた。しかし，私から見たら「寒そう」と思ってしまったため，それをアキトに伝えていた。そのときのアキトは「ふ～ん」といった反応だったが，私の一言で「ミキ（私）は服を着させようとしている」と思ったのかもしれない。「アキトは寒くないし，楽しくて，面白いんだね」とは感じていたが，風邪をひいてほしくないという思いから出してしまったあの言葉はあの場では必要なかった。

　だからアキトと追いかけっこをしているとき，アキトの中から私がいなくなったのではないかと感じ，私もアキトを探して捕まえようとしていることを伝えたくて，ガバッと捕まえた。私も"走り回っているのが楽しかったんだよ"と伝えたかった。

　実習生の思いや気持ちの揺れが伝わってくるようなエピソードですが，併せて今自分の目の前にいる子どもとしっかりと向き合おうとする姿がイメージできませんか？　そして，一人の子どもと正面から向き合い，腰を据えてじっくりと関わることにより，それまでは見えていなかった子どもの思いや見えている景色を鮮明に感じ取ることに繋がっています。こうした子どもとの深い関わりは，子どもとの信頼関係の構築にも繋がるとともに，それまでは明確になっていなかった子どもへの援助の見通しが立ってくることもあります。また，入園当初やクラス替え直後のように，まだ集団の中で自分が安心できるものや場を見つけられていないような時期には，保育者が自らの心の拠り所として，たとえ集団の中にいても，自身の心の安定を図ることができる存在になります。そして，この保育者という拠り所を出発して遊び始めていた子どもたちも，次第に友達や遊び場，おもちゃなど，周囲にさまざまな心の拠り所を見つけ，友達の中でも安定して過ごせるようになってくるのです。

（仁科伍浩）

第6章 環境の領域から子どもの育ちを考える

本章で学ぶこと

　保育における環境とは，子どもを取り巻く自然環境，周りの人々，生活に関わる事柄すべてを指します。子どもは周囲の環境と関わりながら，関わり方やその意味に気づき，自分の遊びや生活の中に取り入れていくことで，生きるための基礎となる力を育みます。

　第2部第6章では，領域「環境」に関するエピソードを基に，子どもたちが遊びや生活の中でどのように育っているのかを考えます。

▶▶▶ キーワード：積み重ね，心の動き，問題解決学習，興味・関心

第1節　季節との出会い　生き物との出会い

エピソード1

「草が無くなっちゃった！」（3歳児9月〜12月）

　9月下旬のことです。3歳児クラスのシンスケが，登園途中でバッタを捕まえてきました。クラスで飼うことになったのですが，バッタは何を食べるのか，育て方はどうすれば良いのかについて，3歳児なりに考え始めました。5歳児クラスから図鑑を借りてきて，保育者に手伝ってもらいながらバッタの飼育方法を調べたところ，どうやら餌は草のようだということがわかりました。子どもたちは毎日，登園途中や遊びの中で新しい草を摘んできます。草摘みがすっかりルーティーンワークになった11月中旬のことです。保育者と一緒に園庭の裏に行き，草を取ろうとしたシュンが，「あっ！　草が無くなっちゃった！」と叫びました。冬に向かい寒くなっ

てきたので，青々とした草は減ってきてしまったのです。大事件です！　保育者は「寒くなって
きたから，草も少なくなっちゃったね。」と話をしました。12月になると園庭のほとんどの草が
茶色く枯れてしまったため，保育者の提案で子どもたちは家からリンゴの皮や，時には家でおや
つに食べたリンゴのひとかけらをおすそ分けしてくれるようになりました。「バッタちゃん」と命
名されたこのバッタは，子どもたちの世話のお陰で12月末まで生きていました。

注) このエピソードは，日本保育学会第77回大会で発表したものの一部を加筆修正したものです。

　この事例の中でも，子どもたちはたくさんのことを体験し，学んでいます。草が少なくな
ったことに気付いたことから，季節の移り変わりを体感し，冬の寒さで植物の多くが枯れる
という知識を得ました。バッタちゃんがとても大事な存在だったからこそ，シュンにとって
草が少なくなってきたことが衝撃的だったのですね。バッタちゃんがいなければ，草には興
味を示さなかったかもしれません。そして，「困った」という心の動きがあったからこそ，
生き物を愛おしく思う気持ちや，友だちと力を合わせる社会性やコミュニケーション能力の
育ちにつながるのだと思います。バッタちゃんのお墓は園庭の隅に作られ，3学期の終業式
まで毎日誰かが供え物をしたり，お墓参りをしたりしていました。
　このエピソードから，子どもたちは下記のことを学んだのだと考えます。
- 秋から冬へと向かう環境の変化を実感する → このような体験を積みながら，子どもた
　ちは，四季を感じ取ることになる（やがて，心の動きを伴う知識となる）
- 身近な生き物や植物に親しみを持つ
- クラスのみんなで世話をする体験から，自分のモノ，他児のモノ，みんなのモノという
　意識が生まれる
- 友達と力を合わせる体験をする → コミュニケーション能力や社会性が身に付く体験と
　なる
- いっぱい（多い），少ない，無い，という体験をする → やがて，数量の概念へとつながる

第2節　教材との関わり　問題解決学習

エピソード2

「回らないお寿司」（5歳児6月）

　5歳児数人が何やら工作を始めました。手慣れた手つきでティッシュを丸めて赤い画用紙の切
れ端を乗せたり，黒い画用紙に巻き付けたり。どうやらお寿司を作っているようです。握りや巻
物，軍艦巻きができたところで，今度は空き箱置き場から細長い筒状のポテトチップスの箱を持

ってきて柱にし，レーンになる青い厚紙を組み合わせています。レーンが完成すると，その上に
お寿司を並べ始めました。そうです。子どもたちは回転寿司のお店を開こうとしていたのです。
画用紙に「はなぐみ（5歳児クラス）で，おすしやさんをやっています」と書いたポスターを作
り，廊下に貼り出します。準備万端！　…ですが，お客さんを呼んでから，大変なことに気が付
きました。中心の柱となるポテトチップスの空き箱と，レーンをセロテープでしっかりと固定し
たので，レーンが回らないのです。回転寿司屋さんにとって，回転しないことは一大事！　そこ
で，子どもたちは「どうしよう？」「お店ができないよ」と悩んで悩んで…。そして，いいことを
思いつきました。お客さんを一列に並ばせてレーンを取り巻き，グルグルと歩かせ始めました。
お寿司が回るのではなく，お客さんが回るのです。その姿を見ていたユリ先生は，「確かに回転寿
司だ！」と感心しながら大笑いをしました。さすがは5歳児の子どもたち。自分たちのやりたい
遊びを実現させるには，身体も頭も使って工夫します。お陰で回転寿司屋さんは大賑わい。子ど
もたちの顔は達成感で輝いて見えました。

　家族と食事に行った回転寿司店を，今度は幼稚園において自分たちで開きたいと思った子
どもたち。仲間とイメージを共有し，空き箱や画用紙，はさみやセロテープという教材を操
作して必要なモノを作り，遊ぶための準備を始めました。お寿司を大量生産する子ども，回
るレーンを作ることに挑戦する子ども，ポスター作りや看板作りなど集客のための工夫（ど
うしたらお客さんに来てもらえるか）をしながら営業（？）に努める子どももいます。年長の初
夏にもなると，仲の良い子どもの間では，遊びや生活の中で自分の役割を意識して考えなが
ら動くことができはじめます。しかし，いざ開店となったときに，ふとレーンが回らないこ
とに気がついたのです。この子どもたちにとって，"お寿司屋さんとは，回って当然"なの
です。そのイメージを共有し，ようやく開店までこぎつけたのにも関わらず，「お寿司が回
らない」という致命的な出来事に気がつきました。

　しかし，さすがは遊びを大切にしている園の5歳児です。やりたいことを達成する喜びを
知っている子どもたちは，自分たちのイ
メージを実現するためには，多少の困難
や失敗に出会っても次の策を考えること
ができます。試行錯誤しながら，解決方
法を考え再挑戦し，上手くいかなかった
らまた次に打つ手を考えることができる
のです。これこそ，私たちも見習わなけ
ればならない，生きていくための力なの
だと考えます。

　ここで忘れてはならないのが，保育者

写真6−1

の存在です。このクラスの担任保育者ユリ先生は，まずは，子どもたちの発想を実現できるような環境を整えています。このエピソードでいうと，イメージがわきやすいように，またいつでも遊べるように空き箱を集め，大きさ別に大中小と分けたり，取りやすい場所に設置したり，製作ができるコーナーやスペース（空間的環境）を確保したりと，日常から環境設定をしています。セロテープやはさみ，色画用紙の端切れなども手にしやすいように整理して置いてあります。そして，「レーンが回らない」と困っている子どもたちに対して，すぐに保育者が解決方法を提案せず見守っていることが，5歳児の子どもたちの思考力や工夫する力を養うために大切だったのだと考えます。決して放っておいたのではなく，保育者も心を動かしながら（応援しながら）子どもたちの「次」を楽しみにしていたのだと思います。

　このエピソードから，子どもたちは下記のことを学んだのだと考えます。

- 仲間とのイメージの共有と協同性 → 仲間とイメージを共有し，自分一人ではできないことを実現する力強さを実感し，力を合わせることを知る
- 表現する力 → イメージの実現化，コミュニケーション能力の育成
- モノの使い方 → モノの性質や，操作の仕方を覚える
- 主体性 → 誰かにやってもらうのではなく，自分で考えて思考し，動く力を育む
- 問題解決力 → 失敗に気付き，試行錯誤しながらそれを解決する方法を探り，実現する力を育む
- 達成感 → 自分たちのしたことに満足し，自己肯定感を感じ，次へと向かう力を養う

　もちろん，これらの力はお寿司屋さんごっこ1回で身につくものではありません。これまでの体験や，今後の体験を積み上げながら，身に着けていくのだと考えます。
　では次に，文字への関心や読み書きに関する育ちについて考えます。

第3節　子どもが文字に興味を示すとき　心の動き

■エピソード3

「かめのお散歩」（4歳児7月）

　降園後に園のインターフォンが鳴りました。4歳児クラス「つぼみ組」のアッコが訪ねてきたのです。「カメがお散歩していたの。」園の近隣に住んでいるアッコは，手のひらにカメをのせています。「あのね，歩いていたの。アッコのお家では飼えないから幼稚園で飼って」。どうやら迷子のカメを拾ってきたようです。その日は一旦園で預かることにしました。翌日，つぼみ組ではカメを囲み，子どもたちがカメに関する話し合いを始めました。「何ガメ？」「餌をあげないとお腹がペコペコじゃないの？」「何を食べるの？」子どもの提案で5歳児から図鑑を借りてくると，

子どもたちは写真とカメを見比べ，保育者に解説の字を読んでもらいます。どうやらリクガメであること，草食であり野菜のかけらでも餌になるということがわかりました。園の近くには池や川がないことや，図鑑に「ペットとして飼われることが多い」と書いてあったことからか，「迷子になったのかも」「（飼い主さんが）探しているかも」という言葉が聞こえてきます。飼育ケースに水を張り，カメを入れてクラス全員で近所の交番に相談に行きました。交番の巡査も困ったようで，しばらく園で預かっても良いことになりました。誰からともなく「カメキチ」という呼び名もつきましたが，「お家の人（飼い主さん），探しているんじゃない？」という声が大きくなり，みんなでポスターを作り，飼い主を探すことになりました。画用紙に茶色や緑や黒のクレヨンで大きく円を描き，甲羅の模様や頭と手足を描き込み，さまざまな色で色づけをする子どもたち。その中で，2人の子どもが「かめ」「かめいます」と文字を書きました。それを見た子どもたちは「いいね〜」。真似をしようとしましたが，「め」という文字が難しく，うまく書けません。「先生，『め』ってどうやって書くの？」子どもが真剣な顔をして保育者に聞いてきます。この園では文字を教え込むことはしていませんが，子どもたちが興味を持ったときこそが「吸収しどき」であり，周りの大人にとっては「教えどき」であることを，保育者はよく知っています。みんなで何枚もポスターを作り，園の塀に貼りました。

　数日後，カメの飼い主が見つかり無事に家に返すことができました。「カメを家に返す大作戦」が成功したのです。飼い主が見つかり，ホッとした子どもたちですが，少しだけ寂しそうな表情をしている子どももいました。

　アッコが拾ってきたカメをきっかけに，子どもたちはカメにも色々な種類が存在すること，リクガメの餌，飼い方などの生物に対する知識を得ました。また，「探しているかも」という友達の言葉から，見えない飼い主の気持ちを想像し，「家に返さなければ」という思いをクラスで共有しました。その願いを叶えるために，交番に行ったり，絵や文字で表現したり，試行錯誤を続けました。文字がある程度書ける子どもが，ポスターに「かめいます」と書くと，「"め"ってどう書くの？」と，聞いてくる子どもがいます。すると，その姿に刺激を受けた子どもが，「かめ」と書きたくなるのです。やがて，この活動によりつぼみ組のほとんどの子どもが「か」と「め」という文字を書く体験をしました。文字の読み書きに大切なことは，子どもが「読みたい」「書きたい」と思う"心が動く"体験です。そして，その心の動きをいち早く察した保育者が，「まさに今が文字を覚えるとき！」と判断し，はじめて子どもたちに文字を教えました。このエピソードでも取り上げたように，文字を書きたくなる環境があり，子どもたちの知的好奇心を感じ取る保育者の存在があり，刺激し合う仲間がいてはじめて子どもたちは「文字」に興味を持つようになります。心が動く体験無しに，文字練習のためのワークブックなどを取り入れた一方的な教え込み型の教育方法は，幼児期の子どもたちにとって真の意味で読み書きする力を育てることにはなりません。つまり，興

味，関心を持ったときに伝えることが "自分のものになるとき" なのです。

　また，この体験は第2節のエピソードと同じように「問題解決型」の学習です。「カメ」の命を守るために何を食べるのかを知り，それぞれが家から野菜の端を持ってきてカメが食べる姿を観察する。飼い主を探すためにポスター作りを考える。繰り返しになりますが，自分一人では考えつかない「かめいます」の文字をクラスの仲間が書き，「自分も書きたい」という思いがクラス中に広がり，やがて飼い主が見つかったときの達成感を得る。これらがすべて詰まっている学習方法だといえるでしょう。集団生活のダイナミックさといえるかもしれません。

　もちろん，いつも「めでたし，めでたし」で終わるわけではありませんが，上手くいかなかったときの悔しさや残念な思いを味わう，時には諦めることも学びの一つだと考えます。思いが実った体験があると，多少困難なことがあっても再び挑戦したり，願いを叶えるための工夫や努力，他者の力を借りることも身につきます。

　カメのお散歩は，もちろん毎年あるわけではありません。保育者は，その時々の子どもの興味や関心を察知し，その先の育ちを願いながら子どもたちを援助していきます。このように，幼児期は生涯を通して必要になる生きる力の基礎を積み上げる時期なのです。これこそが，子どもの well-being ではないでしょうか。

　このエピソードから，子どもたちが学んだこと，育んだと考えられることを以下に整理します。
- 身近な動植物に親しみを持ち，いたわる気持ちを大切にする
- 読み書きの体験 → 心が動く体験から文字への興味関心が生まれる
- カメキチが "ペットかもしれない" と想像する力，それを言語化し仲間と共有し，目の前にはいない "飼い主" の気持ちを考える
- 地域の施設（この事例の場合，交番）の役割を認識し，関わる力を養う

また，これまでの事例と同様に，
- 仲間とのイメージの共有と協同性　・思考力　・好奇心　・探求心　・表現する力
- モノの使い方　・主体性　・問題解決力　・達成感　など

　学んだこと，育んだことが何度も出てくることから，生きるための力とは一度の体験で身につくモノではなく，家庭生活や園生活の中で繰り返し，積み上げることで身につき，育まれることがわかります。

　先のエピソードからは少し離れますが，名前や他児の認識について少し触れたいと思います。年上のきょうだいがいる場合や，特に文字に興味を持った子どもの場合は，3歳児クラス入園時でも文字らしきものを記すことができる場合もあります。しかし，多くの子どもは家庭や園での生活，遊びの中で文字に触れ，文字の役割に気付き，興味関心を持つようにな

ります。子どもの多くがはじめに興味を持つのは自分の名前ですが，それですら読み書きするのは難しいものです。そこで，多くの園が，まず自分のモノや場所がわかるように，一人一つのマーク（イラスト）を用います。文字がスラスラ読める以前の子どもにとって，マーク（視覚的情報）はとても有り難いシンボルです。マークで表されていると，一目で自分が使って良い場所，自分のモノとわかるからです。入園したて，あるいはクラス替えの直後，不安でたまらない子どもたちは，自分のモノがあるとそれが手がかりとなり，その空間が少し安心できる場所となってきます。例えば，保育者はチューリップマークのハルカちゃんに対して，「チューリップのマークがあるから，ここがハルカちゃんの靴箱だね。外靴しまおうね」というように，何度も繰り返します。自分に一つのマークが与えられていることを理解した子どもは，今度は他の子どもにも一つずつマークがあることがわかってきます。現代人は五感の中で視覚が最も優先ですので，他児の名前を覚えるよりも前に，その子のマークを覚えます。「クルマ（マークの子ども）が私のクレヨンとった！」などと言うようになります。そして，保育者がその子を「マサヒロ君」と呼んでいることを聴覚で捉え，その子の顔とクルママークと「マサヒロ君」がやがてつながり，マサヒロ君を認識するようになるのです。

エピソード❹

「同じ！」友だちに興味を持つとき（3歳児5月）

3歳児のチナツは，小学生のお姉さんがいるためか，その年齢では珍しく自分の名前を平仮名で書くことができます。もちろん，たどたどしくはありますが，自分が描いた絵に「ちなつ」とサインをします。すると，その様子を見ていたナナが目を丸くします。「先生，なんて書いてあるの？」とナナが聞くので，保育者は「ちなつ。チナツちゃんは自分の名前が書けるのね」と答えると，「ナナの『な』と同じ！」大発見をしたナナは，その日からチナツのことが大好きになりました。

このエピソードから，やはり，文字に興味を持つのは自分の名前からという子どもが多いようだということ，仲間に刺激されて文字に関心を持つようになることがわかります。また，誰かと「同じ」ということが，子どもにとってとても重要だということもわかります。同じ絵柄のお弁当箱，好きな食べ物が同じであること，好きな遊びが同じであること…。同じことで共通点を見出し，関わることで心的，物的な距離を縮めていきます。やがて自分と他者が違うことにも気付き，ぶつかり合いを体験しながら，違い（発達や個性）を認められるように育つのです（違いを認めることについては，第2部第5章 領域「人間関係」を参照してください）。

第4節　数量との出会い

　次に，子どもたちはどのように数量と出会うのかについて，考えてみましょう。

　数概念を獲得している私たちおとなにとっては，数概念未修得の子どもの考え方を想像することが困難です。ここでは子どもが生活や遊びの中でどのように数の概念を獲得していくのかについて考えます。

エピソード5

子どもが数と出合うとき（「ケンちゃんがお休み」から「お休み1人」へ）（3歳児5月）

　5月末のある日，電車好きなサトルは，いつもプラレールの線路を長くつなげているケンの存在に気付き始めます。ケンもまた，同じコーナーで遊ぶサトルの顔を覚えます。同じ遊びに興味がある子ども同士は，遊びの場でいわば「顔見知り」になるのです。そして，サトルはその子が先生から「ケンちゃん」と呼ばれていることを知ります。ケンもまた，電車ごっこで毎日一緒になるサトルの顔を覚え，「サトル君」と呼ばれていることを知ります。

　ケンが長くつなげた線路に，サトルが電車を走らせてみます。ケンは二股になった部分を指差し「そっちは行き止まり。こっちが駅だよ」と言ったことから，2人での遊びが始まりました。やがて，サトルとケンは互いに「友達！」と言い始め，時には電車の取り合いもしますが，仲良しになりました。

　ある日，サトルは電車コーナーにケンの姿を見つけることができませんでした。保育室にも園庭にもケンの姿はありません。保育者に「ケンちゃんは？」と聞くと，「今日はお休みだって」と言われ，サトルはガッカリです。昨日「明日はモノレールも作ろうぜ！」と約束していたのに…。朝の会になり，クラスのみんなが集まります。20人クラスなので椅子が20脚。全員座ったのにもかかわらず，主がいない空いた椅子が1脚。保育者は「今日はみんな来ているかな？　お名前を呼んでみようかな？」と，子どもたちの名前を呼びます。みんな「ハイ」と返事をしたのに，「ケンちゃん」と呼ばれたときには誰も返事をしません。保育者は「ケンちゃん，今日はお熱でお休みですって，お母さんから電話があったの。早くお熱が下がると良いね」と言いました。空いている椅子が1脚，裏返しになったマークカードが1枚。保育者はホワイトボードに「おやすみ けんくん『1』」と書きました。サトルの「一緒に遊べなくて残念」「熱が心配」という気持ちが，「おやすみ1」と表されたのでした。

　3歳児の子どもは，入園してくる時点で「１２３４５６７８９10」と，10までの数をス

ラスラ言える子どもが大勢います。ですが，これは数の概念を理解しているわけではなく，歌のように唱え（数唱）ている段階です。お風呂で「10」まで数えたら上がれるという経験から，また，きょうだいや家族の真似をして 1 ～ 10 までを唱えることができるようになっているのです。

　このエピソードのように，大好きなケンちゃんがいない，空いている椅子が 1（脚），裏返しになったマークカードが 1 枚，というできごとが，「1」という数字を理解することにつながります。やがて，椅子の主がケン以外であっても，座る人のいない椅子がある場合は「お休みの子どもがいる」ということであり，座る主のいない椅子の分だけお休みの子どもがいることがわかってきます。マナカとリョウの 2 人がお休み，空いている椅子が 2 脚，裏返しになったマークカードが 2 枚，保育者がホワイトボードに記した「2」という記号がすべてつながります。子どもたちは，生活の中でこのような体験を繰り返すことにより，これらの記号は数字であり，ホワイトボードに書かれた数字は欠席者の**人数＝量**を表していることが徐々にわかるようになるのです。

　幼児期には，教授型の学習方法（教える人が教わる人に伝える）で物事を理解させるのではなく，子どもたちや保育者の気持ちを伴うできごとを重ねながら理解の方向に導くことが最も重要であり，それこそが保育者の役割です。初めから欠席者の椅子を片付けておくのではなく，あえて全員分の椅子を並べ，座る人がいないことを視覚で捉えられるようにすること等の工夫された環境が重要です。その一手間が子どもたちの育ちに大きく関係するのです。そして，ケンの休みを残念に思っているサトルの気持ちを汲むこと，熱が早く下がるようにという気持ちを添えることが，生きた数概念の獲得につながります。

　4 歳児後半～ 5 歳児頃には生活や遊びを通しての経験から，数の概念が定着していきます。その頃には，お休み調べを当番の子どもに任せてもいいですね。子どもたちの発達に合った保育を計画し，実践することが保育者の重要な専門性の一つです。このような体験の積み上げ方をした子どもは，個人差はありますが 5 歳児中頃～終わり頃になると数概念を獲得し，ある程度までの数でしたら，自由に操作できるようになってきます。自分のグループ 5 人が給食を食べるテーブルに，保育者が加わると 6 人分の椅子の用意が必要になるという簡単な加法や，欠席が 1 人だと必要な手紙の数が 4 枚である，というような簡単な減法までもわかるような子どもも出てきます。そして，やがてはこれらの体験が就学後の算数の学びへとつながります。

　このような保育者の行為は，「数概念の獲得」のためだけではなく，子ども同士の関係作りやクラス経営にも生かされ，領域 健康や人間関係，言葉，表現，環境に関わる子どもの

育ちを支える援助でもあるのです。この点が，保育は「総合的に行われる」といわれる所以であり，保育の面白いところ，魅力であると考えます。第2部「はじめに」に記されているように，5領域は相互に関係している，絡み合っていることがわかります。

　＜エピソード＞「子どもが数と出合うとき」において，子どもたちが学んだこと，育んだと考えられることを以下に整理します。

- ・友達への気持ち → ケンちゃんと一緒に遊びたかったという気持ちとお休み「1」の関係
- ・数との出会いから，数概念の定着，獲得へ。積み重ねから理解へ
- ・心が動く体験を伴い，体験を積み上げることは，数量や文字に対する感性を豊かにする

第5節　おわりに

　第2部 子どもの育ちと援助 第6章領域「環境」では，子どもたちは環境を通して育つことを確認してきました。ここで，本章についてまとめてみましょう。子どもたちはまず，身近な環境に関わることから始め，やがては地域社会，文化へと世界を広げていきます。第6章で取り上げたエピソードは，すべて実際の子どもたちの姿です。では，「毎年カメはお散歩するのか？」「回転寿司は毎年回らないのか？」などと不思議に思うことが多いでしょう。幼稚園，保育所，幼保連携型認定こども園では，法律に基づき，幼児の心身の発達，園が置かれている地域の実態を踏まえた各園の保育・教育目標を持っています。そこから年間の指導計画や月ごと，週ごと，日ごとの計画を立てますが，それはあくまでも指標であり，目の前の子どもたちの興味関心から保育を構成していくことが大切です。カメでなくても，お寿司屋さんでなくても良いのです。子どもたちは自分の興味のあるモノ，コトから関わりはじめ，やがては自ら周囲のさまざまな環境に好奇心や探究心を持って関わるようになります。それこそが子ども主体の保育であり，well-being を保障する保育といえるでしょう。そして，それらを生活に取り入れる力が身につくのです。

　子どもの生きる力の基礎となる資質，能力は短期間で習得できるものではなく，体験の積み重ねで身につくこともわかりました。

　子どもたちの心が動くような保育をするためには，まずは保育者自身，さまざまな出来事や環境に対して心が動くことが大切です。

　最後に，もう一つエピソードを記します。5歳児，卒園間近のできごとです。

エピソード6

「たたかいやめ！」（5歳児1月）

　もうすぐ卒園をする5歳児クラス1月の出来事です。テラスで遊んでいた子どもたちの間でトラブルが起こりました。数人が保育室に駆け込み，サッシを閉め鍵をかけました。保育室に入れない子どもたちが慌てている様子がガラス越しに見えます。「閉めだすとは何事!?」担任のハル先生は，「ちょっと待って！」と大きな声を出しました。緊急集会です。椅子を丸く並べて座ったのですが，大事な話をするには，子ども同士にもハル先生にも距離があるように感じたそうです。「もっと近くで話をしよう。」膝があたる位の小さな輪になりました。「何だか最近みんながイライラしているように見えるのだけれど。」と，ハル先生は両手を握り，手を揺らしイライラ状態を表現します。すると，先生の右肘が偶然，右隣の子どもに「コン」と軽く当たってしまいました。右隣の子どもはさらに右隣の子どもに肘を当てます。さらに右隣，右隣に「コン」が続き…。1周回って左隣の子どもが先生に「コン」と肘を当てました。「そうか，そういうことなんだね。」ハル先生は，計算していたわけではないのに返ってきた「コン」という肘の当たりを受け，「こんなふうに，誰かがイライラしていると周りのみんなもイライラし出して，けんかになってしまうのね。そして，自分のイライラは，自分に返ってくるんだ。」と，その時気づいたことを子どもたちに話しました。それから，子どもたちは，テラスでの出来事を話し合いましたが，最後に「たたかいも？」と，タイチが聞いてきます。たたかいも誰かがイライラするから起こるのかと，関連づけて考えたようです。海外でたたかいが起こり，テレビのニュースで空爆の映像が盛んに流れている時期でした。ミカは「先生，どうしたらたたかいが終わるの？」と，聞いてきます。「難しくて，先生もわからないな…」先生は答えに窮してしまいました。しばらく重い雰囲気が続きましたが，そのうちにユウジがすくっと立ち上がり，両手両足を大きく広げて「たたかいやめ！」と叫びました。2人3人と子どもたちが立ち上がり，「たたかいやめ！」と声を上げます。とうとう全員が両手両足を精一杯広げ，大声で「たたかいやめ！」と叫びました。

　ハル先生は，このような話し合いになるとは思ってもいなかったといいます。卒園間際にもなって，仲間を閉めだす行為に先生自身もイライラしてしまったそうです。そこで，集まって話をしようと思っていたところ，予想だにしなかった「コン」という肘の当たりが自分に返ってきたときに，初めて自分が子どもに指導するのではなく，一緒に考えることが必要なのだと感じたと言っていました。

　また，日常生活の中でよく起こる子ども同士の喧嘩から，たたかいを想起し自分たちなりに精一杯考えて表現をしたことにも驚いたそうです。身近な環境に自分から関わり，自分たちの出来事を世界の平和に関連付けて考えていく。このような子どもたちが大きくなり，環境にも人にも社会にも優しい次世代の担い手になってほしいとハル先生は願っているそうで

す。私も，子どもの計り知れない可能性を信じて，これからも子どもたちの育ちを応援したいと思います。

　無藤（2018）は，幼児教育の見方，考え方について「幼児教育においては，生活を通して幼児が周囲に存在するあらゆる環境からの刺激を受け止め，自分から興味をもって身近な環境に主体的に関わりながら，さまざまな活動を展開し，充実感や満足感を味わうという体験を重ねていきます」と述べています。

　さて，みなさんも子どもと共に育ち続けることができる保育について学びを深めていきませんか？

(考)(え)(て)(み)(よ)(う)(！)

➡第 6 章のエピソードは，領域「環境」だけではなく，他の領域「健康」「人間関係」「言葉」「表現」などの領域とも関わっています。どこがどの領域と関わっているのか，考えてみましょう。

➡保育者は子どもたちにとって大切な人的環境です。第 6 章のエピソードにおける保育者の役割について整理してみましょう。

【引用文献】

汐見稔幸／無藤隆監修　2018　保育所保育指針　幼稚園教育要領　幼保連携型認定こども園教育・保育要領　解説とポイント　ミネルヴァ書房

【参考文献】

岡田たつみ　2024　遊びへの興味と環境　日本保育学会第 77 回研究大会発表論文集　P-C-2-02
文部科学省　2018　幼稚園教育要領解説

第7章 言葉の領域から 子どもの育ちを考える

本章で学ぶこと

　本章では幼児期の「言葉」に着目して，3歳を過ぎて集団での生活を経験する中で子どもたちの言葉がどのように育っていくのかを考えていきます。保護者や周りの大人たちは，早く言葉が話せると良い，早く他者と言葉を用いてコミュニケーションがとれるようになれば良いと思いがちです。しかし，上辺だけで言葉を覚えても，真の意味で言葉を習得したことにはなりません。子どもの心が動き，表現したい思いがあふれ，そしてその思いを伝えたい相手がいるからこそ，言葉で表現する力が養われるのです。

▶▶▶ キーワード：コミュニケーション，心の動きを伴う言葉，絵本と言葉

第1節　言葉はどのように生まれ，育っていくのか

1. 言葉の発達の道すじ

　幼児期の言葉について考える前に，まず言葉はどのように生まれてくるのかを復習しましょう。第1部で学んだように，1歳前後になると言葉を話せるようになりますが，その頃になれば放っておいても自然に話せるようになるわけではありません。まず，赤ちゃんは「泣く」ことを通して自分の身体の状態や要求を伝えます。それに対して，養育者などの周囲の大人が受容的・応答的に関わることで，赤ちゃんは安心や信頼を感じていきます。このように両者が気持ちを通い合わせる中で，赤ちゃんの側にも「大好きな相手と関わりたい」という気持ちが育ち，コミュニケーションのツールとしての言葉が生まれるのです。

　次に，言葉を話す前の赤ちゃんはどのような音や声を出すようになるのかについて考えてみましょう。生後1か月を過ぎた頃になると，機嫌の良いときにクーイングといって「アー」「クー」などの音を出すようになります。そして2〜3か月頃には「アーアー」などの喃語と呼ばれる音声を出せるようになり，その後「ママ」のように「子音＋母音」の構造へ，

そして「バブ」のように「子音＋母音要素が異なる母音」が反復して使用されるなど，喃語は変化していきます。この時期の赤ちゃんはまるで自分の発声を楽しんでいるかのようです。

　１歳頃になると，例えば「ブーブー」という音声を喃語ではなく，乗り物という特定の意味を担った言葉として発するようになります。この最初に出てくる言葉（初語）は，例えば「ブーブー」という一つの言葉に「車を見つけた」「車を取って」などの意味が含まれ，文の機能を持つことから「一語文」と呼ばれます。その後，１歳６か月を過ぎる頃には，「ママどこ？」「ワンワンいた」のように語と語をつないだ二語文となり表現内容が広がっていきます。この頃は「なあに？」と知りたがるようになり，その後２〜３歳頃にかけては，「どうして？」のように因果関係を尋ねる問いかけが多くなります。その過程で語彙を急激に増やしながら，助詞を用いた多語文が話せるようになっていきます（第１部 第１章 第２節「2. 人と関わる力を持っている」p.15，第１部 第２章３節「乳児のコミュニケーション」p.29 参照）。

　そして３〜４歳の頃になると，「だからね」「それでね」などの接続詞を用いながら，複数の文を組み合わせてまとまりのある内容を表現できるようになり，５〜６歳の頃には日常生活に必要な会話表現の基礎をほぼ身に付けていきます。

２．言葉の持つさまざまな機能

　1. で学んだように，子どもは最初に「コミュニケーション」という社会的な伝達の手段として言葉を獲得していきます。そして３歳を過ぎると子どもたちの多くは保育所や幼稚園などの集団生活を経験し，保育者や仲間との関わりの中で言葉を使った世界を広げていきます。ここでは言葉の持つさまざまな機能について考えてみましょう。

＜伝え合うための言葉＞
　子どもたちは保育者や仲間との関わりの中で，時には自分の思いが相手に伝わらないもどかしさ，一方で伝わる喜び，そして相手の思いがわかる楽しさなどを経験しながら言葉での伝え合いをしていきます。また，普段使っている言葉が文字化されていることにも興味を抱き，文字を遊びに取り入れて楽しむようにもなります。

　４〜５歳児になると，友達の話を聞くことは生活の一部となり，みんなの前で自分の話したいことやできごとを話す機会も増えてきます。そこでは，話を聞くだけでなく，仲間の話を聞いて質問するという伝え合いも行われます。幼児にとって具体的な対象が目の前にあって，それをテーマに話を共有することは，比較的不自由なくできますが，話のテーマとなるものが目の前にないときや，共通の体験を持たないときには，言葉だけで相手にわかるように伝えなければなりません。また，聞き手の子どもも，話し手が理解できるように質問を返すことは難しいことです。そこでは両者の対話にすれ違いが生じることもあるので，保育者

が仲立ちをするなどの工夫も必要になります。そして，このような幼児期の言葉による伝え合いの経験は，小学校以降における生活や学習において，互いの思いや考えを伝え合い，受けとめ認め合ったりしながら仲間と共に活動する姿につながっていきます。

＜考える・知るための言葉＞

子どもたちに絵本の読み聞かせをしていると，お話の途中で「どうして？」と質問されることがあります。なぜそうなのかを思いめぐらしたり，これまで経験してきたことと重ならずに納得できなかったりするからなのでしょう。そして何より，考えることが楽しくなってきた姿と捉えることもできます。このように，言葉は自分の内にある「どうして？」という疑問を表現し，また考える手段としても使われ始めます。こうした子どもが投げかける疑問の背景には，その時々の子どもの思考過程がよく表されています。そのため，保育者はその質問に至った子どもの思いを探りながら一緒に考えたり，ものごとを知る手がかりになるような言葉がけを工夫することが大切になります。

また，ヴィゴツキー（Vygotsky, L. S.）は，他者とのコミュニケーションの道具として獲得した言葉はある時期に分化して，思考のための道具として内在化されると考えました。そして，コミュニケーションで使う言葉は音声を伴うことから「外言」，思考の手段で用いる言葉はたいていが音声を伴わないことから「内言」と呼びました。こうした外言から内言への分化は5〜6歳頃に生じ，子どもの「ひとりごと」は，この過渡期に「思考のための言葉」として現れると考えました。このように「ひとりごと」は内言の芽生えであり，徐々に考えを自分の中だけにとどめたり，頭の中でいろいろなことを考えられるようになっていきます。

＜行動や気持ちを調整する言葉＞

3〜4歳の頃になると，言葉で自分の行動や気持ちを調整するという機能も加わるようになります。例えば，園庭のブランコに乗るには，列に並んで順番に乗ることになっているとき，「じゅんばん，じゅんばん」，「ならばなくちゃ」などのひとりごとを言いながら列のうしろに並ぶことがあります。言葉によって自分の行動を調整していると考えることができます。また，言葉によって気持ちを調整することもできるようになってきます。例えば，友達とけんかをした子どもが，保育者に「くやしい！」と泣いて訴えることがあります。悔しい気持ちを受けとめてくれる保育者の存在とともに，体験している悔しさを「くやしい！」と言語化して表出することも，気持ちを調整する助けになっているのです。

＜想像や創造につながる言葉＞

おままごとなどのごっこ遊びでは，今ここにない物のイメージを呼び起こしたり，実際の

生活で見たり聞いたりしたことを心の中に思い描きながら，言葉で表現することを楽しみます。そこでは言葉が想像力や創造力を高めていきます。また，言葉を聞いて想像する力がつくようになると，絵本などのお話から得たイメージを絵に描いたり，ごっこ遊びで表現して楽しむこともできるようになります。

　言葉の持つ機能はこのほかにもあります。第2節では保育場面でのエピソードを通して「子どもの世界」に触れながら，子どもの言葉に込められた思い，そして言葉に示される子どもの育ちを考えてみましょう。

（平沼晶子）

第2節　エピソードから子どもの言葉を考える

エピソード1

「お迎え来る？」（3歳児10月）

　3歳児クラスのヨウスケは，幼稚園で普段はわんぱくぶりを発揮しています。身体を動かすことが得意で，ジャングルジムの天辺から「おーい！」と手を振ったり，4歳児の鬼ごっこに入れてもらっても，鬼をスルリとかわして逃げたりします。陽気で元気いっぱいのヨウスケは，クラスの人気者です。

　10月の運動会が終わった頃のことです。ヨウスケの母親から電話があり，事情でお迎えが30分ほど遅れそうだとのこと。担任のチナツ先生はヨウスケに，「先生と一緒に待っていようね。」と言い，誰もいなくなった保育室で遊ぼうとしました。しかし，ヨウスケは目に一杯涙をためて「ママ，お迎え来る？」と聞いてきます。「大丈夫よ。少しだけ先生と一緒に遊んでいようか？」。チナツ先生はブロックを用意しましたが，ヨウスケは靴箱の前で座り込み，門の方を見つめています。チナツ先生は，そっと隣に座りました。ヨウスケは「ママ，お迎え来る？」と，何度も何度も先生に聞きました。

　涙が溢れて止まらなくなった頃，ヨウスケの母親が走ってくる姿が見えました。「ママ！」ヨウスケは走り出し，母親に抱きつきます。その勢いにバランスを崩しながらも，母親は「ごめんね，ごめんね」と繰り返しました。

　「ママ，お迎えに来る？」という，ヨウスケの言葉には「早くお迎えに来て欲しい」という願いが込められています。普段は，幼稚園で最も頼りになるチナツ先生の姿が見えていれば（少しくらい見えなくても），安心して活躍できるヨウスケですが，子どもたちがいない

幼稚園に取り残された気持ちがして，「なぜ，いつものようにすぐにお迎えに来てくれないの？」「早く来て！」という嘆きや叫びが込められていたかもしれません。このようなとき，「一人で待つのは不安だ。早く迎えに来て欲しい」などと，苦しい気持ちを正確に話せるものではありませんね。また，チナツ先生に「もうすぐ来てくれる」と，保証してほしかったのかもしれません。チナツ先生は，ヨウスケの気持ちが痛いほどわかったのでしょう。隣に座って「もうすぐ来てくれる」と何度も返事を返していました。

　少し話は逸れますが，チナツ先生は初めに，「大丈夫よ，すぐいらっしゃるわよ」と言ったそうです。すると，ヨウスケも「ママ，お迎えいらっしゃる？」と聞き返したとのこと。先生は慌てて，「『大丈夫よ，すぐに来てくれるわよ』」と言い換えた」と，話してくれました。日本語は難しいですね。

考えてみよう！

➡ ＜エピソード＞「お迎え来る？」は，第1節のどのあたりを参考にして考えればよいでしょうか？

エピソード2

「タオル掛けの向こう側」（3歳児12月）

　12月中旬の出来事です。朝の身支度を終えたのにもかかわらず，3歳児クラスの子どもたちが8人ほどリュック（通園バッグ）を背負って歩いています。行き先は保育室の隅，角の所です。そこには，タオル掛けが仕切りのように立っています。子どもたちのタオルが掛かっているので壁となり，その奥は見えません。子どもたちはリュックを背負ったまま，次々にタオル掛けの向こう側に入っていきます。コウ先生は「何事か？」と思い，そっと覗いてみました。すると，正面にナツが座り，他の子どもたちはギュウギュウ詰めで，ナツに向き合うように座っています。絵本を取り出し，「みんな，今日は絵本を読みます。」と，ナツが絵本を開き見せています。どうやら，タオル掛けの向こうの狭い場所が保育室で，ナツ先生が絵本を読もうとしているところのようです。「あおむし…○〜×△。〜○×ました。おなかがぺっこぺこ。あおむし…。○×〜△〜ました」。「あおむし」と「おなかがぺっこぺこ」「ました」は聞き取れましたが，他のほとんどが言葉のようで言葉にはなっていない言葉でした。それでも，他の子どもたちは，絵本とナツを真剣な眼差しで見つめています。コウ先生は思わず笑いそうになりましたが，「いけない，いけない。子どもたちの世界を壊してはいけない」と，少し離れたところで，違う遊びをしながら，タオル掛けの向こう側を意識していました。

注）『はらぺこあおむし』エリック カール 作　もり ひさし 訳

3歳児のナツは，2つ年上のお兄さんがいる影響でしょうか，着替えも，排泄も，食事の準備も片付けも，保育者の手を借りず自分のことは自分で済ませ，他の子どもの手伝いまでしてくれる子どもです。ナツは，3歳児クラスの子どもたちの間では，少しだけお姉さんのような存在でした。みんな，ナツと遊

ぶと楽しいことを知っています。ナツの言葉にならない言葉を気にする子どもは一人もいませんでした。完璧な言葉にはなっていませんでしたが，タオル掛けの裏のワクワクするような狭いスペースで，子どもたちはナツ先生が見せてくれる色鮮やかな絵や読み聞かせを満喫しているようでした。この本は，子どもたちが大好きな絵本です。コウ先生に何度も読んでもらっていました。もしかすると，コウ先生が読んでくれる言葉の響きを覚えていたのかもしれません。

　このような体験の積み重ねが，絵本への関心を高め，また，言葉への感覚を豊かにしてくれるのだと考えます。

エピソード3

「ジージーじゃなくて」（3歳児・5歳児7月）

　暑い日の登園時の出来事です。3歳児のマナトは，「ジージーじゃなくて…」と，懸命に話そうとしています。5歳児のリュウキは「おじいちゃん，どうしたの？」と聞き返します。「『ジージ』じゃなくて，『ジージー』じゃなくて！」マナトは一生懸命話そうとしますが，話そうとすればするほど混乱します。その様子を見ていた5歳児のリコが，リュウキの手を押さえ，「（マナトの話を）聞こう」と言います。すると，マナトが「『ジージー』じゃないやつ。んー，『ミンミン』」と，言いました。「セミ？」リコが聞き返すと，「うん。ミンミンって言ってた！」と，マナトは嬉しそうに答えました。「わー！　やった！　アブラ（セミ）じゃなくて，ミンミンゼミが鳴いたんだ！」と，リュウキも目を輝かして大声で言いました。

　大の昆虫好きのリュウキが，「アブラゼミはダメ！　ミンミンゼミがいい！」と言っていたことを，マナトは知っていたようです。実は，3歳児が入園した当初の4月～5月にかけて，5歳児のリュウキがマナトのパートナーさんとして，園生活のお世話をしてくれていました。マナトは，その後もリュウキのことを慕っていたのでしょう。通園途中で，ミンミンゼミの鳴き声が聞こえたため，登園してくるリュウキを待ち，急いで報告したかったようです。「ごめんね。リュウキあわてんぼうなんだ」リコはマナトに一言添え，保育室に帰っていきまし

た。焦ると何と表現して良いかわからなくなるマナトのことを，リコは良く理解しているようでした。そして，リュウキがあわてんぼうであることも良くわかっているようです。

　大好きなリュウキに，自分の経験したことを自分の言葉で伝えようとしたマナト。ぴったりの言葉で2人の気持ちの行き来を助けたリコ。そのお陰で，リュウキは大好きなミンミンゼミが鳴きだしたという情報と共に，マナトが自分のことを大好きであることを再確認したのではないでしょうか。

　子どもは，このように仲間との間でさまざまな経験をしながら，気持ちを伴う言葉を獲得していくのです。

🅴🅿🅸🆂🅾🅳🅴❹ エピソード❹

「『ミ』が付く名前」（4歳児1月）

　私が保育者をしていたときのエピソードです。その頃，私はクラス担任ではなく，フリーとして保育に入っていました。その幼稚園では，多くの子どもが先生のことを呼び名で呼んでいます。4歳児クラス担任のアサミ先生は「アサミっち」，私は「タツミっち」と呼ばれていました。

　ある日，4歳児の子どもが数人，粘土遊びをしながら話をしている声が聞こえてきました。「アサミっちも，タツミっちも，『ミ』がつくね」「本当だ。ミユ（自分のこと）も『ミ』がつくよ。」「ミカちゃん（同じクラスの子ども）も！」「マサオミ君も！」「『ミ』が多いね！」「それだったら，ミナミちゃんは2つも『ミ』が付くから，勝ちじゃない？」子どもたちは，4歳児クラスの『ミ』が付く名前を挙げ終わると，今度は園にあるすべての靴箱を見て回り，『ミ』が付く名前を探し始めました。字が読める子どもと読めない子がいますが，2〜3人がグループになって探すので，困りません。しばらくすると，保育室に帰って来た子どもが，覚えている限りの『ミ』の付く名前を声に出して報告し始めます。「ミオちゃん」「ノゾミちゃん」「ミチオ君」「ヨシミちゃん！」一通り出し終えたときに，「あっ！」と，ケンジが大声を上げました。「ミナガワサクミちゃん（5歳児）がすごいんだよ！」ケンジは，読める字と読めない字があるので，5歳児クラスの子どもたちに聞いてみたようです。そして，『ミ』で始まって『ミ』で終わる「ミナガワサクミ」ちゃんのことを教えてもらったとのこと。子どもたちは「わー！　すごいね！」と，大急ぎで5歳児クラスのミナガワサクミちゃんに会いに行きました。

　子どもたちが，名前を使って言葉遊びをしているエピソードです。先生の名前から，「ミ」が付く名前が多いことに気が付いた子どもたちは，「ミ」という響きを頼りに「ミの付く名前集め」に夢中になっています。

　知っている限りの名前を出し合った後，今度はより多くの情報を得るために靴箱に書かれている文字から，「ミの付く名前」を探し始めました。文字が読める子どももいますが，も

ちろんまだ読めない子どももいます。ですが，一緒になって探すことで楽しみながら，刺激し合いながら文字に対する興味を深めているのだと思われます。このような出来事は，集団でなければ生まれないことでしょう。みんなで生活する醍醐味と言っても良いのかもしれません。

エピソード⑤

「五・七・五のリズム」（4，5歳児2月）

　ダイスケを含めた5歳児クラスの子どもたちが，何やら不思議な動きをしています。手のひらを開き，指を1本1本折りながらブツブツと何か言っているのです。

　しばらくして，勢いよく4歳児クラスに入ってきたダイスケは，担任ではないフリーのサユキ先生の姿を見つけると「歌おうよ ギターを弾いて 歌おうよ」と，指を折りながら言いました。5歳児クラスでは，この頃**五・七・五**で，何かを表す，伝えることが流行っていました。**五・七・五**は，5歳児担任のミユキ先生が子どもたちに紹介したのだそうです。するとすぐに，5文字，7文字，5文字で遊び始めました。ダイスケは，サユキ先生のギター伴奏で，歌の追いかけっこ（輪唱）をすることが大好きです。その気持ちを**五・七・五**で表現できたことが，また嬉しいようでした。急いでサユキ先生に伝えたくなったのでしょう。

　それを聞いた4歳児も，指を折りながら表現を始めました。タカは，「おそとであそびたい」と，自分の気持ちを表しましたが，うまく**五・七・五**にはなりません。「んー」。困ってしまったタカ。ダイスケはタカの横でしばらくブツブツ言った後，顔を上げて「あそびたい　ボクはおそとで　あそびたい」とタカに言いました。タカは大喜びでサユキ先生に「あそびたい　ボクは　おそとであそびたい！」と指を折りながら大きな声で言いました。

　その後すぐに園庭に出たタカは，ダイスケと友達とサユキ先生と一緒に遊びました。

　五・七・五の形式は，日本の詩歌における音数律の一つです。起源は古代日本に遡り，自然発生的に進化したといわれています。江戸時代には，俳句が最も短い詩の形式として確立されました。俳句には季語が入りますが，もう少しフランクで季語を必要とせず，人間の生活などを詠ったものが川柳です。川柳も**五・七・五**の17音で構成されています。

　そのリズムが日本語にピッタリだったため，現代まで続いているのだと思われます。だからこそ，5歳児の子どもたちも夢中になったのかもしれません。このリズムに乗せて，見た

ものや自分の気持ちを表現することが楽しくてたまらなかったのでしょう。ピッタリはまる感覚も爽快なのだと考えます。

　また，指を折るということにも意味があります。一文字を一本の指に相当させる，これは1対1対応です。数理解の原点でもあるといわれる1対1対応を，子どもたちは言葉と指で体験しているのです。この遊びは，他の子どもたちにも広がり，しばらくは幼稚園中から**五・七・五**のリズムが聞こえてきていました。

　遊びながら，楽しみながら，言葉を使って表現する感覚を豊かにしている子どもたちです。

（岡田たつみ）

第3節　絵本が広げる言葉の世界

＜言葉を楽しみ人と人をつなぐ絵本＞

　第2節の3歳児12月のエピソード2「タオル掛けの向こう側」では，子どもが先生になり切って『はらぺこあおむし』を友達に読み聞かせている場面が活き活きと描かれています。子どもは，絵本の文字を読んでいるわけではなく，何度も読んでもらって聞き覚えたフレーズを使って読み聞かせの場面を再現しています。読んでいる子も聞いている子も，正確な言葉ではなくても，意味が通じなくても，お互いがなり切って「つもり」の世界を楽しんでいるのがわかります。正確さを求めるのではなく，場の雰囲気を楽しむ3歳児らしいエピソードです。子どもの頭の中には，保育者が読んでくれるいつもの場面が浮かんでいることでしょう。読み聞かせごっこという遊びになっています。この場面で，絵本は子どもをつなぐ一つのツールになっていて，言葉の面白さが共有されています。

　「おなかがぺっこぺこ」の『ぺっこぺこ』は，オノマトペといわれる，心身の状態を音として表現した言葉です。オノマトペには，他にも，「ワンワン」など生き物の音声や「ピカピカ」「ピューピュー」など物の状態や動きを表現したものなど数多くの種類があります。

　初語が出始める1歳前後から子どもと大人のやり取りの中には，オノマトペがたくさん使われるようになります。子どもは，意味と同時に，音やリズムを楽しみ，言葉で表現し伝え合う楽しさを経験していきます。このように，言葉の入り口としても，オノマトペは大きな役割を果たしています。そして，言葉から生まれるイメージを膨らませていきます。

　絵本には，こうしたオノマトペが数多く使われています。

　みなさんは，日本で一番売れている絵本は何だと思いますか。みなさんもよく知っている松谷みよ子の赤ちゃん絵本「いない　いない　ばあ」（童心社）です。1967年に発行され，発行部数は，750万部を超え800万部に到達しようとしています（2024年現在）。

　絵本の最初のページの左側には，ネコが手で目をかくしている絵が描かれていて，右側が

「いない　いない　ばあ　にゃあにゃが　ほらほら　いない　いない・・・・・」の文字が書かれています。「・・・・」で期待が高まったところで，次のページをめくると，右側に手を大きく広げたネコが顔をみせています。そして左側に「ばあ」という文字が現れます。次のページは，クマが。そして，その次がネズミというように，「ばあ」が続いていきます。

　保護者や保育者が赤ちゃんを膝に乗せて，「ばあ」のところで声を合わせて顔を見合わせて笑っている様子が目に浮かぶようです。このように，「ばあ」というオノマトペが子どもと大人をつないでいきます。そして，「モウイッカイ（もう一回読んで）」と大人に要求し，くり返し，くり返し読んでもらった子どもは，今度は大人や友達に読んであげるようになるのでしょう。

　ちなみに，2番目に売れている絵本は『ぐりとぐら』，先にも登場した『はらぺこあおむし』，『だるまさんが』，『しろくまちゃんのほっとけーき』と続きます。どれも，オノマトペがたくさん使われていて，子どもは言葉の音やリズムを楽しみながら，各ページに描かれた場面を，自分が日常生活で経験する場面と重ね合わせながら絵本の世界に入りこむことができます。

　こうして，言葉の面白さや音やリズムの心地よさが，大人と子ども，そして子ども同士をつなげていきます。

　以下は，保育者が日誌に残した2歳児クラスのエピソードの抜粋です。

エピソード6

お昼寝のひと時（2歳児）

　大人がすぐに背中をトントンしたり，そばで絵本を読んだりできないと，子ども同士でおしゃべりしたり絵本を読んだりしています。キヨミはスミレに『いない いない いるよ』の絵本を読んであげています。「こわーい」と言うスミレに，虫の絵を手で隠してあげて，「これで大丈夫だからね！」と声をかけたりして，とてもいい雰囲気。（中略）サツキ，シオン，ミズキは，わらべうたの本を広げて歌っています。赤ちゃん赤ちゃんなぜ泣くの？（わらべうた）では，普段大人が子どもたちの名前に替えて歌っているように，「○○くん，○○くん，なぜなくの？」「え～，泣いてないよ！」などとおしゃべりしながら，次々と子どもの名前を入れて歌っていました。入眠前のちょっとしたやりとりがあちこちで見られておもしろいなあと思いながらしばらく見守りました。

（1・2歳児の自己肯定感の土台を育む　ひとなる書房を改変）

　まだ，文字が読めない子どもたちのやりとりの場面です。絵を見て，耳から聞いた心地よい言葉やフレーズを思い出し，入眠するまでのリラックスした時間に再現して，ゆったりと楽しい時間を過ごしているのがわかります。子どもは，こうしてやり取りを通して，言葉の世界を広げていきます。

<イメージの世界を共有して遊ぶ>

絵本は,「絵と言葉を使ってなんでも語れる表現ジャンル」（松本猛 2020）と言われますが,これは,作り手,読み手からの定義であって,聞き手である子どもの立場からすると,絵と言葉の組み合わせによって,イメージの世界に導いてくれるツールといえるでしょう。

3歳前後になり,発語や言葉の理解が進みイメージが一層豊かになってくると,子どもは,絵本の中のイメージの世界を楽しむようになります。保育現場でも,毎日のように読み聞かせがあり,子どもが,保育者の周りに集まって,食い入るように絵本を見つめ,時々思わず声を発したりしながら,保育者の言葉に聞き入っている場面を見たことがある人もいるでしょう。また,自分がそうであったと思いだす人もいると思います。

このような経験を経て,絵本は,ごっこ遊びに発展していきます。例えば,『がらがらどん』や『おおかみと七ひきのこやぎ』などは,保育者も子どもと一緒にその世界を共有しながら,ごっこ遊びが展開していきます。

以下は,2歳児クラス11月のエピソード記録です。

エピソード7

がらがらどんごっこ（2歳児）

乗り物好きの子どもたちと一緒に長い積み木で踏切を作ると,他の子どもたちも集まってきて通っていきます。その踏切を『がらがらどん』の橋に見立てて,（保育者が）「誰だ,私の橋をガタピシさせるのは！」と言うと,イク,トモ,ハヅキ,レイが「おおきいヤギの,がらがらどんだー!!」と大声でアピールして渡っていきます。そのたびにトロル役の私が「あ゛ー！」と倒れると,そばでカナが私の腕をつかんで守ろうとしてくれます。今度は,「ガタゴトガタゴト」と言いながらスズがやって来ました。それを見ていた他の子どもたちも,なりきってゆっくり渡っていきます。時々「ちいさいヤギです」と逃げるように渡ったりしながら楽しみました。ヒロはちょっと怖くてヤギにはならないのですが,橋が壊れてしまうと「工事です！」と急いで駆け付けて修理してくれます。リンは「あったよ！」と,『がらがらどん』の絵本を見つけて,保育者に読んでもらっています。おはなしの世界を大人も入りながら,これからもたっぷり楽しんでいきたいと思います。

（1・2歳児の自己肯定感の土台を育む　ひとなる書房を改変）

役割もストーリーも自由に変化していく2,3歳児の絵本のごっこ遊びは,やがて劇遊びへと発展していきます。そして,4,5歳になり本物志向が高まってくると,子どもの遊びは,絵本のストーリーにもっと忠実になり,役割を決めて遊ぶようになってきます。

＜知識や科学的思考を支える絵本＞

このように子どもは，絵本の物語の世界に入ってファンタジーを楽しむ一方で，小さな科学者としての一面も発揮します。5歳頃から高まる本物志向は，ものごとの因果関係への興味につながり，自然の不思議や生き物の生態，モノの仕組みなどへの関心が生まれ，「なぜなんだろう」「どうなっているんだろう」と考えたり，知りたいと思うようになります。こんなとき，科学や知識の絵本が，子どもの知的好奇心に寄り添い，疑問に答えてくれます。乗り物好きの子，虫など生き物が好きな子，恐竜や動物好きの子など，子どもが求める知識は多岐にわたっていますが，絵本はそんな子どもの知識欲を満たし，さらなる知識の探究へと導きます。

こうして，絵と文字との出会いの中で，子どもは，やがて文字に関心を持ち，自分で読みたいという意欲を高めていきます。そして，自分の力で読む喜びを味わいながら，さらに，文字への関心を高め，絵本は，読み聞かせから読書の対象へと形を変えていきます。

言葉は，子どもの発達過程において，伝え合う手段だけでなく，思考したり，知識や創造の世界を広げる道具として，その可能性を広げていきますが，絵本は，そのプロセスに寄り添って，子どもの内面の世界を広げていくことに大きく貢献していきます。

（芦澤清音）

考えてみよう！

➡ 幼児期に，よく読んでもらった本，読んだ本を取りあげ，どのようなところが魅力的だったのか，また，どのような光景が思い出されるかを考えてみましょう。

引用文献

芦澤清音・バオバブ霧が丘保育園　2015　1・2歳児の自己肯定感の土台を育む　ひとなる書房
L. S. ヴィゴツキー（柴田義松訳）1962　思考と言語（上・下）　明治図書
松本猛　2020　絵本総論　認定絵本士養成講座テキスト　中央法規出版　p.17

参考文献

小川清美　1989　ことばと子どもの発達　阿部明子（編）　保育内容　言葉　建帛社　pp.8 17
厚生労働省　2018　保育所保育指針解説　フレーベル館
平沼晶子　2021　第5章 言語の発達　藤﨑眞知代・無藤　隆（編）保育の心理学　北大路書房　pp.95-118
エリック カール 作（もり ひさし訳）1997　はらぺこあおむし　偕成社
かがくい ひろし 作　2008　だるまさんが　ブロンズ新社

グリム作　フェリックス ホフマン絵（瀬田貞二訳）　1967　おおかみと七ひきのこやぎ　福音館書店
近藤薫美子 作　2010　いないいないいるよ　アリス館
中川李枝子 作　大村百合子 絵　1967　ぐりとぐら　福音館書店
ノルウェー民話　マーシャブラン絵（瀬田貞二訳）　1965　がらがらどん　福音館書店
松谷みよ子 作　瀬川康男 絵　1967　いないいないばあ　童心社
わかやま けん 作　1997　しろくまちゃんのほっとけーき　こぐま社

コラム

絵本の力

　絵本や物語には，子どもの言葉に対する感性や想像力を豊かにする不思議な力があります。もちろん，実際の体験を通してさまざまなことを学ぶことが重要ですが，一人の人間が体験できることには限りがあります。

　しかし，絵本や物語は，時間や空間を越えて旅に出たり，冒険したりと，多岐にわたる世界に導いてくれます。多くの絵本や物語にはストーリーがあり，その中には人物や生き物，時にはモノまでもが生き生きと描かれています。子どもは物語の中に入り込み，日常ではあり得ないことにも遭遇します。主人公だけではなく，登場する人々，生き物，モノに心を寄せ，感情移入をし，スリルを味わったり，安堵感を抱いたり。嬉しさや楽しさ，温かさだけではなく，不安や悔しさ，悲しみ，時には切なさなども感じることができるようになります。

　ではここで，私の大好きな絵本を紹介したいと思います。著者 瀧村有子さん，挿絵 鈴木永子さんの「ちょっとだけ」という絵本です。この絵本には，自分の家に赤ちゃんが生まれ，お姉さんになったなっちゃんという子どもが登場します。そして，お姉さんになったからこそ，ちょっとだけ我慢をして頑張るなっちゃんの姿が描かれています。

　私は一人っ子ですが，「ちょっとだけ」を読むと，まるで自分がお姉さんになったような気持ちになります。絵本の中で，私もお母さんのことを気遣い，生まれたばかりの赤ちゃんのことを思い，少し背伸びをして自分のことは自分でやってみようとします。そして最後に，ちょっとだけお母さんに抱っこをしてもらった絵本の中の私は，まるで自分の頑張りが報われたような気持ちになり，涙が止まらなくなります。

　実際には，私にきょうだいはいませんし，お姉さんになった気持ちや，赤ちゃんのお世話で大変なお母さんを気遣う経験をしたことはありません。しかし，1冊の絵本を通して，主人公のお姉さんに「共感」し，実際に涙が溢れてくるのです。

　絵本や物語には，本当に不思議な力がありますね。

（呂　小耘，岡田たつみ）

（瀧村有子 作　鈴木永子 絵　2007　ちょっとだけ　福音館書店）

第8章 表現の領域から子どもの育ちを考える

本章で学ぶこと

皆さんは，子どもたちが「表現する」とはどのような姿を想像しますか？

乳幼児期において，子どもたちが「表現すること」は特別なことでなく，日常です。この世に生を受け，誕生した赤ちゃんはまず声を出すことで表現します。声で表現することとして，泣くことや笑うことも表現ですが，これらは「表出」と言われ，「自然と出てしまう行為」とされ，意図的ではない感情の表れになります。やがて，子どもたちは「表出」から，感じたことや，考えたことを表す「表現」へと移行していきます。つまり，表現のベースには常に子どもの「心」があるということです。

保育所や幼稚園での生活では歌ったり，楽器を奏でたり，踊ったり，演じたり，描いたり，つくったりすることは日常的に行われ，子どもたちの表現で溢れています。こういった子どもたちの表現のことを「音楽表現」，「身体表現」，「造形表現」，「言語表現」と言い，それらは多岐に渡ります。

保育者にとって，子どもたちの表現を理解することは，子どもたちが伝えたいことを知る手段となります。子どもたちの表現はまだまだ未分化です。保育者は子どもたちが発信することを子どもたちの表現から知り，何を伝えようとしているのか理解する必要があります。また，子どもたちの生き生きとした表現を引き出し，子どもたちの表現として支えていくことが求められます。

この章では，領域「表現」とは何かについて理解していきます。また保育所や幼稚園といった保育現場において，どのような表現活動が行われているのか，3歳児〜5歳児クラスの活動やエピソードから，検証していきます。また，実際にやってみることで理解を深めていきます。

▶▶▶ キーワード：音楽表現，身体表現，造形表現，豊かな感性と表現

第1節　子どもにとって表現とは

　表現とは内なるものを外に出す行為です。小島（1998）は表現について,「外的なものの働きかけによって生じた自分の＜内なるもの＞を,素材を通して自分の体の外に表すこと」と述べています。つまり,単に内なるものを外に出すのではなく,それには何か外的な働きかけが表現のきっかけとなっていることがわかります。また,心の中にあるものを形として表すこととして,捉えられています。

　石井（2020）は「生きることと表現することは切り離せない関係であり,普段から意識していなくても,「生きること」それ自体が表現することであるといえます」と述べています。このことはつまり,子どもたちが生涯にわたり生きていくためには表現は欠かせないものと捉えることができます。

　次に,表現について理解する上で,重要なことの一つとして,子どもの表現には他者がいて成り立つということです。表現することは個で行うこともできますが,子どもたちの表現の向こう側には他者がいます。他者がいることにより,個の表現が豊かになり,表現すること本来の良さが生まれます。子どもたちにとっての他者とは,保育者や保護者,そしてクラスの仲間です。他者と表現しあうことを楽しむことを通して,喜びを共有することにつながります。他者と喜びを共有する経験は子どもたちの表現をより豊かにするだけでなく,就学前の人間関係づくりに役割を果たします。大学生であっても,表現活動を体験することを通して,人間関係を構築できたなど,表現活動を共に行うことで,コミュニケーション能力が養われるという良さがあるといえるでしょう。

　領域「表現」は感性と表現に関する領域とされています。つまり,感性と表現は切り離すことができない関係ということです。

　豊かな感性とは,さまざまな体験や出会いを経て育まれることがわかります。では,「感性」とは一体どのような力を指すのでしょうか。清村（2017）は感性について「経験における環境との相互作用において状況の質を感じ取り,環境から自分にとって価値あるものを直感的に認識し選択する能力である」と述べています。子どもたちにとってもさまざまなモノや事柄について直感的に何かを感じ取り,そういう体験を重ねていき,豊かな感性へと育まれていくことがわかります。さまざまな体験や出会いを経て育まれた豊かな感性は子どもたちの表現をより想像的で豊かな自分なりの表現を育んでいくことでしょう。

第2節　領域「表現」に求められること

1．表現は皆違って良い

　人間には，一人ひとり異なる個性があります。また，その個性も一言では言い表せるものではありません。大人だけでなく，子どもたちにも一人ひとり個性があります。幼児期における表現とは，個々に違うものであることの方がむしろ自然ではないでしょうか。つまり，表現は決められたものである必要はありません。人はモノや出来事に出会ったときに感じる感じ方も，一人ひとり違います。同じ感じ方をすることもありますが，常に皆同じではないはずです。個を尊重する考え方は表現において最も大切なことの一つかもしれません。

　とはいえ，表現活動をする際に，「自由にどうぞ」と言われてもなかなか自分の感じたことや考えたことを表現できないこともあるでしょう。このことは，子どもだけでなく，大人にとっても難しいものです。最初は保育者や友達のまねっこから入ることの方が自然です。

2．子どもはまねっこの天才

　子どもの表現はまね（模倣）をすることから始まり，自分の表現が形成されると言われています。乳児期に行うまねっこの時間は子どもたちの表現の素地となり，さまざまな自らの表現へと発展していきます。子どもたちはまねをすることを楽しみます。最初はみんな同じものを楽しむと思っていた方が，表現を心から楽しめるのではないでしょうか。

3．表現と子どもの心の関係性を理解する

　感じたことや考えたことを自分なりに表現するとは，表現には必ず子どもの心があるということです。またその表現は，素朴な形で行われることが多いです。子どもたちが伝えたいことをうまく伝えられない場合，保育者の援助が必要となります。みんな同じで良いというよりも，その子一人ひとりの表現を認めることが大切です。それが保育で捉えられている「自分なりの表現」です。子ども一人ひとりの感じ方や考えを認め，表現として育んでいきましょう。

4．感性や表現はやがて豊かな創造性へ

　感性とは「外界の刺激に応じて感覚・知覚を生ずる感覚器官の感受性」のことを指します。保育現場における外界の刺激とは，保育所や幼稚園でのさまざまなモノ・コトとの出会い，経験や体験がそれにあたるでしょう。感じる力である感性を豊かにするために，保育者は，幅広い意味での子どもたちの環境づくりを考えていきたいものです。

5. イメージと表現の関連性を理解する

イメージとは，「心の中に思い浮かべる像，全体的な印象。心象」のことです。イメージの生成は，表現と切り離すことができません。そして，イメージの基になるのは，子どもの体験になります。体験したことを基にイメージが膨らみ，表現が豊かになります。

では，子どもにとってイメージはどのように形成されていくのでしょう。イメージの形成過程について，考えていきましょう。まずどのようなことをイメージするのでしょうか。

子どもは園生活の中で美しいものや心動かす出来事に触れる機会が多くあります。それらは主に保育者が子どもの年間保育を計画する段階で，意図をもって組まれています。保育者の計画した出会いや体験は重要になってきます。子どもにとって，初めてのモノはすべて刺激あるものであり，出会ったときの子どもたちの表情や行動には目を見張るものがあります。出会って子どもたちは何かを感じ，それを表そうとします。もちろん言葉や動きでうまく表現できない子どもも多く見られます。イメージしたことを表現したいと思っている子どもの気持ちを保育者は読み取り，手を差し伸べることも大切です。

日常の保育活動の事例として，「うさぎさんって見たことある？うさぎさんのポーズとってみようか」などウサギのイメージについて話し合ったり，まねっこを楽しんだりすることがあります。普段からいろいろな表現を体験していると，ウサギというテーマから繰り広げられるイメージは無限のように広がっていきます。反対に「ウサギはこれ！」と決まったポーズを押し付ける保育者がいたら，子どもたちのイメージはそこで留まってしまうこともあるかもしれませんね。子どものイメージを膨らませられるような保育の工夫を考えるためには，まず保育者自身，いつも何かに出会ったとき，感じる自然な自分の気持ちと向き合ってみるのも良いかもしれません。

また，描いたイメージを動きや言葉などで表現したり，演じて遊んだりするなどの楽しさを子ども自身が実感できることも大切です。イメージできるような機会を与えるだけでなく，その体験がとても楽しいものであることは，子どもの表現してみたいと思う意欲につながるでしょう。イメージしたことが表現という形になる体験を積み重ねることは，子どもの豊かな感性につながることでしょう。

6. 表現の素材は生活に溢れている

子どもたちの表現の素材は，いつも感動でいっぱいの特別なモノである必要はありません。自然の中にある音，形，色も表現の素材となります。

子どもたちにとっての身近な音や形，色と言えば，何を思い浮かべますか？　子どもたちにとって，決して特別なものでなく，日常的に目にし，触れることのできるものすべてを指しているといえるでしょう。大人になると，毎日忙しく，日常のやるべきことをこなすことで精一杯になってしまうことがあります。極端に言えば，日常の音や形，色などに目を向け

ることの無い生活を送っているといえるでしょう。五感に敏感で感性が育つのに著しい乳幼児期にこそ，生きていく上で出会う音や形，色，そして自然に目を向けることを大切にしてはどうでしょう。また自然の中にある音，形，色などに子どもたち自ら気付けるような環境設定だけに限らず，自然に触れられるような経験を保育内容に多く取り入れることで，表現の幅は広がることが期待できます。

　子どもたちが表現することを心から楽しめる重要な時期である幼児期に多くの表現を楽しめるような機会を設定し，子どもの表現を大切にし，支援できるよう努めていきたいものです。表現を育てることは先にも繰り返し述べましたが，子どもの「心」を育てることにつながるものと考えます。

7．子どもの探究心を大切にする

　子どもは，日々新しいモノやコトに出会うと，不思議そうな表情を浮かべます。例えば，新しい楽器や新しい素材に出会ったとき，これはどうやって音を鳴らすのかな，この素材はどうやって使うのかな，等，つねに「？」の気持ちを抱きます。保育者がこうせねばならないという指示を出してしまうと，子どもたちは探究することを諦めるようになります。

　子どもの自由遊びなどでの姿を見ていると，次はこうやろう，こうやったら面白いかもと遊びがどんどん変化していっていることがわかります。子どもが「こんなふうにやってみたい」「これだとどうだろう」という探究心が高まるような声かけなど工夫したいものです。

第3節　表現活動の実際

　ここからはいくつかの具体的な表現活動を紹介します。実際にやりながら，これらの活動にはどのような意味が込められているのか考えていきましょう。子どもの活動には保育者の願いが込められているということです。

1．音楽表現活動
（1）手遊び

　保育所や幼稚園で日常的に用いられている遊びです。歌に合わせて手や指を動かす遊びのことを指します。道具や場所を選ばず，いつでもどこでも遊べるので，通常の保育時間だけでなく，すきま時間やレクリエーションにも適しています。手や指を動かすことで，手指の発達の一助となるだけでなく，リズム感を身に付け，イメージすることで想像力を育てます。遊び方として，保育者対子どもたちだけでなく，子ども同士で行うことで，コミュニケーション能力を身に付けていきます。ここで1歳から5歳児くらいまでの子どもとできる手遊びを紹介します。異なる年齢であっても，遊び方をアレンジすることで，たくさんの子ども

たちと楽しく遊ぶことができます。保育者には遊びをアレンジする「応用力」が求められるでしょう。

「あたまかたひざポン」

作詞不詳　イギリス民謡

➡ 手遊び「あたまかたひざポン」を使った遊び方をグループで話し合い，実践してみましょう。

考えてみよう！

（2）わらべうた

　わらべうたは，子どもたちの遊びから生まれたものです。長い年月をかけて伝承され，同じうたでも土地によって歌詞や旋律，遊び方が異なる場合があります。岩井（2008）はわらべうたについて「広義には子どもの遊びに伴ううたすべて」と述べているように，子どもたちの遊びの中で生まれ，子どもたちの成長に寄り添ってきた遊びということができるでしょう。

おてぶしてぶし

わらべうた

おてぶし　てぶし　てぶしの　なかに　へびの　なまやけ　かえるの　さしみ

いっちょばこ　やるから　まるめて　おくれ　いーや　　　おおはずれ
　　　　　　　　　　　　　　　　　　　　　　　　　　　おおあたり

①おてぶし　てぶし　てぶしのなかに　へびのなまやけ　かえるのさしみ

　いっちょうばこ　やるから　　まるめて　おくれ

（両手を合わせて，上下に振る様子）

②いーや（どちらか片方の手にビーズや石などを握る）

③休符の間は，「どーっちだ？」と問いかける

　（休符の間にどちらに入っているか考えて指す）

④おおあたり or おおはずれ

　（当たっていたら「おおあたり」，外れていたら「おおはずれ」と歌う）

わらべうたと出会って

　保育士になり初めて出会った曲が「おてぶしてぶし」でした。ヘビの生焼け？カエルの刺身!?聞き間違えたのかと思う歌詞に，ぐっと耳を傾けたことを覚えています。

　新入園の子どもたちの中には，慣れない環境に緊張していたり，離れたところからこちらの様子をうかがっている子もいます。私は外遊びの際，石を拾って，緊張している子の横で「おてぶしてぶし」を歌うことにしました。初めて聞く歌に耳を傾け，手の動きもよく見ています。「どーっちだ」と聞かれて答えるのも楽しいようで，何度か繰り返すうちに，「もう一回！」とリクエスト。そのやり取りをするうちに気付けば，心の距離が近くなっていました。その子が満足いくまで歌うことを繰り返すうちに，「この人は私の気持ちを理解してくれている」と安心し，信頼関係が築かれていくように思います。

　また，他の遊びをしていても，遠くで歌を聴いている子もいます。一緒に「おてぶしてぶし」を歌ったことがなくても，ふとした瞬間に口ずさんでいたりするのです。

　わらべうたを歌う中で学ぶこと，その子を知ることがたくさんあります。ぜひ，その魅力に触れてみてくださいね。

（茨城県保育士　伊東あゆみ）

　わらべうたの形態は一人で行うものだったり，ペアで行うものだったり，集団で行うものだったり等，いろいろな形態があります。他者である友達と一緒に行うことは，一人では得られない楽しい気持ちを得ることにつながるでしょう。

　クラスの皆で楽しんだわらべうたを，自由遊びの際に子どもたち同士で遊んでいる姿をよく見ることがあります。観察していると，子どもたちで遊びの形を変化させて，子どもたち独自の遊び方で楽しんでいることに気づきます。わらべうたというのは子育てにはじまり，子の遊びから遊びへ，遊びを重ねることで子どもたちによって変容，変化しながら伝承されてきたものというわらべうたの特徴にあるのではと改めて感じます。阿部（2003）は遊びについて，「もともと，あそびというものは単独で終わるものではなくて，次のあそびへとつながり，発展してゆくものなのです。そこが，今のゲームと違うところですね。」と述べており，このことは，つまりわらべうた遊びの良さの一つと言っても過言ではないでしょう。

　次は，ペアで遊んでも，〇人組で遊んでも，全員で遊んでも楽しい曲を紹介します。子どもたちはこのわらべうたをどう変形して遊びを発展させていくことができるか予測しながら遊んでみましょう。

なべなべそこぬけ

わらべうた

なべ　なべ　そこぬけ　　そこが　ぬけたら　かえりま　しょ

①なべなべそこぬけ
そこがぬけたら

②かえりましょ

③なべなべ〜そこがぬけたら

④かえりましょ

考えてみよう！

➡ 他にどんなわらべうたがあり，どのような願いが込められているかについて調べてみましょう。

また他にどんな遊び方があるか，オリジナルの遊びをグループで考えて，発表しましょう。

（3）楽器を使う活動

　保育所や幼稚園などの保育現場では，小打楽器を中心にさまざまな楽器が用いられています。園の発表会などで合奏を披露する場合も多く見られますが，保育現場では楽器遊びといった子どもたちが楽器を楽しめる活動が，子どもたちの表現の幅を広げるように感じます。齋藤（2023）は，幼児期における子どもと楽器の活動について次のように述べています。

　「幼児の場合，「楽器」を使う活動によって演奏の技能を身に付けるというよりも，楽器遊びや器楽合奏，音楽づくりなどをとおして「協同性」「思考力の芽生え」「言葉による伝え合い」「豊かな感性と表現」などの資質・能力を育むための経験を重ねていると言えます。」

　このように，保育者は，子どもたちの演奏技術の得手不得手を考えるのでなく，心から楽

器を楽しめるよう，楽器との出会いから，どのような支援ができるのか考えたいものです。

⬤エピソード❶

いろいろな音が楽しいね（3歳児4月）

　このクラスは，2歳児クラスのときから楽器を使った音楽活動は行ってきました。3歳児クラスになり初めての楽器活動を行ったときのことです。いろいろな皮楽器（大太鼓・トムトム・小太鼓・ボンゴ・タンバリン）に触れる機会がありました。保育者がさまざまな皮楽器を円状に配置すると，子どもたちは自分の気に入った楽器の前に座ります。子どもたちは自由に鳴らし楽しんでいる様子が見られます。保育者は子ども一人ひとりの後ろに順に回り，子どもの背中を楽器の鼓面に見立て，背中を叩いたりこすったり，ピチカートのように跳ねたり，さまざまな奏法を示し始めました。それを受けた子どもたちは，保育者の真似をして，皮楽器を叩いたり，さすったり，弾いたりして奏でています。体で感じ取った感覚を奏法による音の変化とし，いろいろな音色や奏法の違いを楽しんでいました。

　子どもは楽器に触れたとき，その感触や楽器の中から聴こえる音色に耳を澄ませ，それを楽しんでいます。保育者の背中を通してのアプローチから，いろいろな奏法を知り，それを真似するだけでなく，自分なりの奏法を探そうとしていると推測できます。楽器は鳴らすだけでも楽しいですが，いろいろな奏法や自分だけの奏法を発見したとき，宝物を見つけたように目をキラキラ輝かせています。このエピソードは自分なりの表現を見つけ楽しんでいる姿といえるでしょう。

　次は，音楽をつくる要素として重要な「拍」まわしを楽しんでいる様子を紹介します。このエピソードは子どもたちで遊びを展開していく場面が感じられます。

⬤エピソード❷

友達と一緒に表現するのは楽しいね（5歳児5月）

　4人グループで輪を作ります（全体で5グループできる）。保育者はウッドブロックで4拍子を感じるように拍打ちをしています（カッコッコッコ・カッコッコッコ〜のように1拍目で音を変えて）。4拍のビートに合わせて一人ずつ立ったり座ったりを繰り返していきます。次にグループは10人グループとなります。4人では回ってくる拍数がいつも同じですが，10人に増えると異なります。アイはウッドブロックに合わせて膝で拍を取りながら自分の順番までビートを感じているようです。マナは自分の左右のお友達に目線を配りながら，拍がスムーズに流れるように工夫している様子です。このように，それぞれの子どもによって反応は異なり，拍回しがスムーズ

に流れる工夫を子ども自ら編み出しているものと思われます。その後，20人全員で拍回し（一人ずつ立ったり座ったり）へと発展しましたが，自分の順番まで待つ時間が長く，簡単にはできません。その様子を見た保育者は，拍に合わせて立つ・座るではなく，「拍が回ってきたら面白ポーズをする」としてみたところ，皆一様に活動を楽しんでいるようでした。また拍に合わせて一人ずつポーズの表現をする様子も見られました。

　このエピソードからは，クラスで活動を行う中で，子どもたち一人ひとりが良い方法を考えている姿や，保育者が子どもの様子も見ながら遊び方を変えている工夫が見られました。保育者は，確たるねらいをもって行ったとしても，うまく行かないことが多く，想定しなかった子どもたちの反応に戸惑うことがあります。その対策として，子どもを良く見ることで解決策が思い浮かぶことがあります。この保育者は，とっさに思いついたアイディアだったと思いますが，結果，子どもたちの活動は楽しいものになりました。保育者が常にアイディアの引き出しを多く持つことはとても重要なことであると再認識させられました。

２．身体表現活動

　身体表現による活動と言えば，歌いながら身体を動かす活動，リズム体操，運動遊び，キッズダンス，劇遊びなど，多岐に渡ります。ここでは日常の保育で簡単にできる身体表現遊びとして，絵本から広げる身体表現遊びと，創作ストーリーを使った身体表現遊びを紹介します。どちらも，何かに変身しなりきる「なりきり遊び」ですが，身ぶり表現やごっこ遊びという名称でも用いられています。ここで，ごっこ遊びの定義について考えてみましょう。

　ごっこ遊びの定義として，宮田（2019）は，「2人以上が何かをまねておなじような動作をする遊び。ふり遊びとの違いは，内容の構造にある。」としています。続けて宮田は「ごっこ遊びの展開には，他者との関係成立が必要であり，一般に3歳児では大人の介入なくしては難しい。」としています。この後取り挙げる遊び方においても，対象年齢で工夫が求められます。乳児から3歳児までは，保育者がファシリテーターとなり，進めていく必要があります。4〜5歳児になれば，子どもたちで役決めを行ったり，子どもたちでつくる劇遊びへと展開していくことができるでしょう。

（1）絵本から身体表現遊び

　絵本に出てくる登場人物やさまざまな音を身体で表現できるようにする。絵本の内容を十分理解した上で，クラスの子どもの人数に合わせて，役割を決めて進めると良いです。

【方法】

①子どもたちがイメージしやすい，興味のあるもので，年齢に合った題材として，絵本を選びます。

②まず絵本の読み聞かせを行います。子どもたちのイメージが膨らむように読み聞かせをすることが大切です。

③役決めせずに，クラス全体で絵本に出てくる登場人物やモノ，音等の動きを即興で自由に考えて動きます。低年齢の子どもたちであれば，保育者の真似で十分楽しめますが，年中，年長になると自分なりの表現を探究できる年齢になります。保育者のイメージを押し付けることなく，子どもたちが自由な表現ができるようにすることが大切です。一方で，保育者の言葉かけ一つが子どもの表現を引き出すことにつながります。

④最初から，繰り返して遊んでみます。役交替をいれながら繰り返し遊ぶのもよいでしょう。慣れてきたら登場人物だけでなく，モノや音などを表現しても楽しいでしょう。

（2）創作ストーリーから広げるなりきり遊び

　目の前にいる子どもたちに合わせた創作ストーリーに合わせて，なりきり遊びを楽しみます。例えば，忍者学校，魔法学校，動物の森等テーマを決めます。忍者学校であれば，さまざまな忍術を習得できるゲーム感覚で行います。ペープサートや手作りの紙芝居などの保育教材を使い説明することでよりイメージが沸きやすいでしょう。他に，一人一枚の新聞紙を使って，ストーリーを進めていく新聞紙遊びを展開していくこともより創造的な活動が期待できます。

3．造形表現活動

　保育における造形表現活動は，「描く」表現と「つくる」表現，この2つに大きく分かれています。この2つの表現について，考えてみましょう。

（1）「描く」表現

　子どもたち一人ひとり差異は見られますが，子どもたちは絵を描くことが大好きです。絵はまさに子どもの心象を表したもので，保育者や友達といった他者に向けたメッセージとも捉えることができます。子どもの表現が絵を描くことで形となり，外に発信され，それを保育者は読み取り，受け止め，子どもの表現を認めます。これを繰り返すことにより，子どもたちは描くことが好きになります。

　ここからは，描く表現について，年齢ごとに見ていきましょう。1歳過ぎる頃から始まる「なぐりがき（スクリブル）」が3歳後半になると形となり，この頃にはマルを描けるようになります。3歳前半では，頭に足がついている「頭足人」を描くようになります。

　4歳になると塗り絵が線からはみ出ないように描く姿が見られます。また4歳後半になるとさまざまな色を混ぜて新たな色をつくることも楽しむようになります。色を楽しめるようになるのもこの時期だといえるでしょう。3歳で頭足人でしたが，胴体の分離ができるよう

になります。また，人を，横向きや後ろ向きなどを理解し描けるようになります。

　さらに，園生活で体験したことや知っていることを自分なりに描くようになります。

　5歳になると，空間の上下を意識して地面を描いた上で人物や建物を描くようになり，絵が図式的になります。5歳前半では形を意識して描くこともできます。自由時間に自由に好きな絵を描くこともありますが，設定保育の時間において，保育者が指定したテーマで絵を描くことも楽しみながら取り組むことができます。

（2）「つくる」表現

　先ほどの絵を描くことも好きですが，何かをつくることも楽しんで取り組みます。園生活において，つくる表現は多岐に渡ります。個でつくる上での道具として代表的なのがハサミやノリになります。保育者はハサミやノリをどの程度使えるのか把握してから保育内容を考えます。ハサミは3歳前半では一回切りですが，後半になると連続で切れるようになります。ハサミは危険も伴うため，注意すべきこともしっかりと伝える必要があります。道具を使わないものとして，ちぎったり，破ったりして遊ぶこともあります。例えば，新聞紙や折り紙などが代表的です。他には粘土遊びにおいては丸めたり，伸ばしたりして形を作ったりします。また，シールを貼ったり，野菜等のスタンプを押したりといった楽しみ方もあります。子どもたちは製作でつくったものをただつくるだけでなく，それを使った遊びも楽しみます。

　ここまで，「描く」「つくる」表現に分けて，造形表現活動について外観してきました。保育者は製作活動を考える上で，「描く」「つくる」のその後の遊びを考え，計画することも子どもの表現を支える上で必要なことになります。

　また，保育現場では廃材を集めて，それらをつかった製作活動を行うことがあります。例えば，保育室や廊下などに廃材コーナーを環境設定しておき，子どもたちが自由に好きなものをつくれるようにしている園もあります。つまり，造形表現という側面で保育を考えたとき，環境設定は非常に重要になるということです。これについてはどの表現活動でも同様のことがいえます。

　表現には他者の存在が欠かせず，人と人とのつながりコミュニケーションとして表現はとても大切な領域ですが，他の4領域との関連性も強く，すべての領域において表現は関わっています。他の領域から保育を考える際にも，表現の視点で考えてみることでさらに保育の視野が広がり，保育の楽しさが増すのではないでしょうか。子どもたちは園生活の中で，日々何かを感じ，何かを考え，成長しています。子どもたちが感じ，考えたこと（内なるもの）を外に出すことを繰り返すことで，もっと表現してみたいという気持ちが芽生えてきます。子どもたちがそう思えるような表現体験を考案するには，まずは皆さん保育者が，表現する

ことの楽しさを知ることが大切なのではないでしょうか。

コラム

自分のやりたいを最大限に

　造形表現を子どもたちがする前に，私たち保育者は活動に向けた事前準備をすることがあります。しかし，事前準備の段階で子どもたちが "やりたいこと" や "イメージするもの" を狭めていませんか。

　造形表現の面白いところは，子どもたちのイメージするもの，色，形を知れるきっかけになることです。大人の目線になると，つい「本来はこういう姿」と主観的に見てしまいます。例えば，太陽を赤やオレンジとイメージして描く子どもがいれば，違う色で描く子どももいるかもしれません。しかし，そこで「太陽は赤やオレンジでしょう？」と固定概念にとらわれず，「なんでこの色で描いたんだろう」「もしかしたら，将来凄い芸術家になるのかな」とみてみると面白いものです。保育者が事前に製作の内容を決めるときは，大まかに決めてみると自分とは違う見え方を子どもたちが教えてくれるかもしれません。

　ここまでは子どもの造形表現について考えてみましたが，保育者による製作物が子どもの造形表現に与える可能性について，あるエピソードを紹介します。

　以前4歳児クラスで架空のキャラクター「スターさん」が登場人物の紙芝居を作りました。あるとき，スターさんからの手紙が園に届いたというところから始まります。紙芝居の物語を基に活動を終えた，お散歩でのエピソードです。スイが「そういえばスターさんは木の上の小さな家に住んでいるんだよね？」と紙芝居の内容をふいに思い出し呟きました。それを聞いたユリが「この公園のどれかの木にいるんじゃない？」と答えたことで，複数の子どもたちでスターさん探しが始まりました。「スターさんって足の大きさとかどのくらいなのかな？」「すごく小さい体だから妖精かもしれないよ」「緑色の服を着ていたから，葉っぱに隠れているかもしれないよ」等の声が聞かれました。このように保育者が作成した製作物による活動が，子どもたちの創造性につながり，出てくる言葉にとても驚きました。その後，スターさんにお返事を書きたいという子どもたちの提案で手紙を書くことになり，子どもの製作活動につながりました。このように，保育者の製作物が子どもたちの創造性に影響を与え，子どもたち自らつくりたいにつなげる可能性があることを改めて実感し，今後も子どものやりたいを最大限にできる保育を考えたいです。

（社会福祉法人なの花会　つくしんぼ保育園　山地沙季）

➡ 子どもの表現がより「豊かな表現と感性」となるために，表現活動における保育者の役割とは何か，グループで話し合ってみましょう。

引用文献

阿部ヤエ　2003　「わらべうた」で子育て　応用編　福音館書店　p.39

石井玲子編著　2020　表現を育てるための保育内容「音楽表現」―音遊びから音楽表現へ―　教育情報出版　p.13

岩井正浩　2008　わらべうた・遊びの魅力　第一書房　p.26

清村百合子　2017　音楽教育実践学辞典　第2章音楽経験と思考　音楽之友出版社　p.31

小島律子　1998　表現の原理と教育的意義　小島律子・澤田蔦子編　音楽による表現の教育―継承から創造へ―　晃洋書房　p.2

齋藤淳子　2023　第1章第2節　楽器を使う活動　若谷啓子編　保育者のための表現遊び―音楽・身体・造形のアイディア―　大学図書出版社　p.42

新村　出編　2022　広辞苑［第七版］　岩波書店　p.210, p.664

宮田まりこ　2019　保育学用語辞典　中央法規　p.97

第9章　5領域が相互に関連した保育

第1節　5領域が相互に関連し合った保育

　これまで各領域から保育を観てきましたが，これまでの学びを踏まえて，次の事例を読んでみてください。

エピソード1

「リアルなパスタ屋さんごっこ」（5歳児6月）

「いらっしゃいませ。」

　5歳児の4人がままごとコーナーで「パスタ屋さんごっこ」をして遊んでいます。子どもたちは注文の取り方や商品の運び方など，いかに店員さんらしさを出すのかに力を入れていました。「いらっしゃいませ。」「他にご注文はございますか。」など，自分たちの実体験をもとにしたリアルなパスタ屋さんが展開されていました。

　しばらくすると，子どもたちの興味がパスタ作りに向き始め，本物らしいパスタに熱中し始めました。パスタの質感や色，具材，お皿の大きさなど，子どもたち同士で話し合いながら素材や加工を試行錯誤したり，工夫したりする姿が見られるようになりました。

　このエピソードの場面が頭の中でイメージできましたか。子どもたちの表情や仕草，話し声などまでイメージできると素晴らしいですね。

　では，この事例は5つの領域のどれに該当するものだと思いますか。「製作活動が入っているから"表現"かな。」とか「言葉でやり取りしているから"言葉"なんじゃないかな。」，「友達同士の関わりがあるから"人間関係"にもなりそう。」などさまざまな考えが挙げられるのではないでしょうか。

　なぜ，こんなにも意見が分かれるのか，それは実際の保育活動は5つの領域が単体で存在しているのではなく，常に生活に基づいた具体的な体験（遊び）の中で総合的に，相互に関連し合っているからなのです。つまり，上での問いかけに関しては，どの領域を挙げても「正解」となるわけです。

では，少しだけこの「パスタ屋さんごっこ」の事例で，それぞれの領域とのつながりの一部を見てみましょう。例えば，子どもたちは商品を作る際や看板やメニュー表の作成のときに，はさみを使って画用紙や毛糸などを切ります。こうした，はさみなどの道具を安全に使うことは5領域でいうところの「健康」の領域に関連します。また，自分のアイディアを相手に伝えたり，相談したりすることや，お店屋さんごっことしてのルールを守ることなどは「人間関係」，自分が行ったことのあるお店の看板や商品をまねたり，値段の設定の際に参考にしたりすることは，「環境」の領域と関連してきます。また，「いらっしゃいませ」，「○○円です」など，お店屋さんとして必要な言葉を使うことは「言葉」，身近な物の色や形，手触りなどの感じを商品づくりに活かしたり，これまでの経験をもとに，お店の人やお客さんを演じることは「表現」の領域と深く関連しています。この他にもさまざまな活動場面において5つの領域は見られます。

　ただ一つ，みなさんに理解しておいてほしいことは，5領域は小学校の教科のように必ず身に付けなければいけないものではなく，あくまでも子どもの育ちを捉えるための一つの視点です。そのため，達成しなければならない目標（いわゆる，到達目標）ではなく，「そこを目指してみんなで保育をしていきましょうね。」といった方向目標であることは覚えておいてください。そのうえで，保育所や幼稚園は自園の保育方針や目標などとも関連させながら，それぞれ各領域の内容を解釈したり，時には味付けをしたりしながら保育を行っています。

第2節　5領域の役割と保育計画の意義

　そうはいっても，5領域は計画を立てるとき，また振り返るとき，子どもたちの遊びと生活の道標となってきます。また，近年では，保幼小接続のための取り組みに向けて，5領域をより具体化した「幼児期の終わりまでに育ってほしい姿（10の姿）」や「育みたい資質・能力」などへの重要性も取りざたされてきました。本章では第2部のまとめとして，保育を計画するということについて触れていきたいと思います。

　では，そもそも保育の計画とは何でしょうか。なぜ保育を計画する必要があるのでしょうか。保育の計画について話をする前に，先ほどのエピソードを思い出してみてください。

　あの「パスタ屋さんごっこ」の場面の中で保育者はどのように関わっていましたか。

　実際のところ，あのエピソードには保育者による関わりが書かれていません。そのため，エピソードを読んだときに「保育者は子どもとどのように関わったのかな？」と気になった人もいるかもしれませんね。しかし，だからといって保育者は何もせずに，ただ自由に遊ばせていたわけではないのです。

　あの「パスタ屋さんごっこ」は，子どもたちが主導しながら遊びが展開していき，その中

で保育者は「共同作業者」として遊びの中に入り，一緒に食材を切るなど，準備を行いつつも，お店が開店したタイミングではお客さんとして来店しています。また，遊び当日のこうした関わり以外にも，この「パスタ屋さんごっこ」が始まる数日前の段階で，保育者は子どもたちの中でさまざまなごっこ遊びが見られ始めたことに着目して，ハサミやテープ，のりなどだけでなく，折り紙や画用紙，毛糸，色々な大きさの紙皿や紙カップといったさまざまな素材や材料を準備し，いつでも子どもたちが自由に使うことができるように一つのコーナーにまとめて置いています。その際には，今その瞬間の遊びに必要な素材や材料だけではなく，この先，遊びが発展したときに必要になるであろう素材や材料までも見通して準備をしていました。そして，こうした保育環境の工夫や計画的な保育は保育者にとっては重要な役割となり，子どもの自発的，主体的な活動に繋がっていくのです。

　例えば，子どもが拾ってきたどんぐりをきっかけにして，「秋さがし」をしたいと考えたとき，思い付きで公園に行って木の実や落ち葉などを探すのではありません。事前に，公園を下見したり，木の実の落ちていそうなポイントを把握したり，もちろん危険な場所の回避や活動の範囲をあらかじめ決めたりもします。また，「秋さがし」で見つけたどんぐりや落ち葉などを持ち帰った後の活動を想定して計画することも活動に連続性を持たせるために必要になります。

　では，こうした保育の計画はどの程度必要なのでしょうか。特別な活動のときだけ計画すればよいのでしょうか。

　この問いの答えとしては，保育所や幼稚園などで行われている保育はすべて，保育者によりあらかじめ計画された上で行われています。つまり，一見自由に遊んでいるように見えても，その背後には保育者による「こういう経験をしてほしい」「こう育ってほしい」といった願いにもとづいた計画が存在しているのです。しかし，保育の計画は，あくまでも子どもたちの力を最大限に発揮し，そのとき味わうことができる最良の経験ができるように行うものであり，決して保育者の敷いたレールの上を歩ませるためのものではない点は注意しなければいけません。

　この保育の計画には，大きく分けて，保育の基本となる計画と具体的な計画の2種類があり，具体的な計画は，さらに長い期間を見通して設定する計画と，短い期間で設定する計画に分かれます。

　保育の基本となる計画は，子どもの入園から修了までを見通した幼稚園の「教育課程」や，入所（園）から退所（園）や卒園までの在籍期間中を見通した保育所の「全体的な計画」，幼保連携型認定こども園の「教育及び保育の内容並びに子育て支援等に関する全体的な計画」と呼ばれる計画です。「教育課程」や「全体的な計画」などは基本的には全職員の共通理解と協力の下で，園長や所長の責任において園ごとに作成します。また，具体的な計画には，各年齢の1年間の保育を見通した年間指導計画や月ごとに立てられた月間指導計画などの

「長期指導計画」と，1週間の計画（週案）や1日ごとの計画（日案）などの短い期間ごとに立てられた「短期指導計画」があります。

　さて，先ほど「教育課程」や「全体的な計画」などは園ごとに作成すると書いたように，保育の計画は保育所や幼稚園ごとに作成することになっています。そのため，当然，園によって計画された保育の内容は異なってきます。それは，すべての保育所や幼稚園がまったく同じ保育計画を作ることが難しいからです。それはなぜでしょうか，考えてみましょう。

　例えば，子どもの発達の状況やそれまでの経験，1クラスあたりの子どもの数や，園庭の広さなどは園ごとに異なります。また，自然豊かな地域の園と大都市の園とでは自然との関わり方は異なりますし，高齢者施設や子育て支援センターなどに隣接した園など，その園独自の特徴もあります。そうした子どもの姿や園ごとの特徴，自然環境は千差万別であるため，それぞれの園が自身の特徴や状況を踏まえて保育の計画を立てていきます。もちろん，実際に計画した保育を実践したうえで，修正・改善が必要になった場合は，よりよいものに作り直していくことも大切になってくるのです。

第3節　計画作成のポイント

　保育の計画を作成するとき，皆さんにぜひ意識してほしいことがあります。

1．いつでも子どもが主役
　保育では「子どもの自発的・主体的な活動を大切に，環境を工夫したり，計画したりする」ことが大切ですので，保育の主役は子どもです。保育者が道筋を決め，それに沿って子どもを動かすのではなく，子どもの主体性を尊重しながら，子ども自らが環境に関わり，多様な経験をする中で，心身ともに健やかに育つのを目指して，子どもたちが「やってみたい。」「面白そう。」と感じることができるような計画を作成する必要があります。

2．園の保育理念や保育方針を理解する
　幼稚園や保育所，幼保連携型認定こども園には，それぞれの保育理念や保育方針が存在しており，保育のありようは多様です。この理念や方針はいわばその園の保育の特徴であり，「どのような子どもを育てたいのか」といった保育観，子ども観でもあります。そのため，計画を立てる際には，こうした保育方針や保育理念に照らし合わせて考えていくことも大切です。

3．発達の見通しを持ち，共有する
　子どもの発達にとって必要な経験が積み重ねられる環境を計画的に構成するためには，子

どもの発達特性と実態を踏まえた「見通し」を持って保育を行う必要があります。また，育てたい子どもの姿に向かって，組織的・計画的に保育を進めていく全体像である「教育課程」や「全体的な計画」といった保育の基本的な計画をもとに，職員間でその園が目指す子ども像を共有することも職員全体で保育の方向性を把握するためにも大切なことです。

4．子どもの現在の姿（興味・関心など）を把握する

　保育の計画を立てる上で土台となるのは「子どもの姿」です。子どもの姿とは，今その瞬間の子どもたちが何に興味を持ち，何に関心を寄せ，どのような発達過程にあるのか，クラス全体でどのような遊びが流行っているのかなどといったまさに目の前の子どもたちの姿になります。具体的には次のような視点で子どもの姿を捉えていきます。そして，この子どもの姿をもとに，保育者は「こう育ってほしい」「こういう経験をしてほしい」という保育者からの願いである「ねらい」を設定します。保育者は，このねらいをもとに保育の計画を立て，環境を設定し，実践しています。

　子どもの姿を把握する際には，主に次のような点に着目できるとよいでしょう。

・生活面の自立　排泄，着替えの自立，生活時間の把握
・個への理解　特別な配慮の有無など
・好きな遊び　遊びの中で楽しんでいること，興味や関心の所在
・仲間関係　他児への興味・関心，遊びの中の友達関係，集団の中での子ども同士の関係
・季節や行事への取り組み　季節ならではの遊び，行事を通した経験
・クラス集団としての理解　クラス全体の様子，クラスで取り組んでいること

　この際，みなさんに意識してほしいことは，子どもの姿を「できる／できない」という結果のみで見ないことです。例えば，「A君は着替えが自分でできる，B君はボタンが一人でかけられない。」など結果のみに目が行きがちですが，保育において大切なことは「過程」です。例に挙げたB君は，結果だけを見れば「一人で着替えができない」子どもと捉えられてしまうと思います。しかし，「B君は毎日，自分でボタンをかけようとしている」「日に日に一つずつかけられるボタンの数が増えている」としたらどうでしょうか。また，友達の輪に入らずに一人で遊ぶことが多いC君が，最近は友達の近くで同じ遊びを始めているとしたらどうでしょう。どちらの例も，その過程に目を向ければそこには子どもの意欲の表れや，成長の一端が見られるのではないでしょうか。保育者は，こうした子どもの育ちの過程に目を向け，子どもの姿を捉えていくことが大切になります。

5．豊かな遊びがうまれる保育計画

　このように，保育者は保育を行う上で，子どもの経験や興味・関心に応じて，さまざまな遊びを豊かに展開していくための保育者の知識および技術を生かして保育を計画するということが大切になります。その際には，「遊びを通して，自発的・主体的に展開されていくように環境を設定すること」が保育者に求められています。つまり，子どもたちが日々の遊びの中で，興味や関心の対象を見つけ，そのモノやコトに対して熱心に向き合い，遊び込むことができる環境を保育者が作り上げていくことが保育者の専門性であり，役割でもあるのです。

　では，「自発的・主体的に展開されていくように環境」は，単に「子どもたちが自由に遊べる時間を確保すること」だけで良いでしょうか。十分な時間を確保すれば，子どもたちは自発的に遊びを生み出し，主体的に遊びに没頭していくでしょうか。

　子どもたちは日々の遊びの中で，興味や関心の対象を見つけ，そのモノやコトに対して熱心に向き合い，遊び込みます。そのため，子どもたちが十分に遊び込み，心身ともに満足できるような時間の確保は大切です。しかし，ただ単に時間だけ長く確保していても，そこに遊びの展開や発展はなかなか見ることができないでしょう。

　最後のこれまでの話も踏まえて，次の事例を見てみましょう。

エピソード❷

「お姫様のお城」（5歳3か月）

　5歳児になると，ストーリーの整ったごっこ遊びを仲間と展開するようになり，仲間とのやり取りの際にもイメージに即したものが求められます。また，ごっこ遊びという虚構の世界にいながらも，現実の世界に戻って仲間とイメージの調整を話し合ったりもします。

　そうした中，5歳児数人が園庭でお姫様ごっこをしていました。端切れやリボンなどを思い思いに使った自作のドレスなどの衣装に身を包んだ子どもたちが，自分たちで設定したストーリーに合わせてお姫様ごっこを演じています。保育者は微笑みながら子どもたちの演じる舞台の観客となりつつ，近くにあった木製遊具に『お姫様のお城』というプレートをかけました。

　自由遊びの中の一場面ですが，この続きはどうなったと思いますか。

　保育者のこの行動の後，子どもたちの話し合いを通して，お姫様ごっこはお城を舞台にした舞踏会へと発展していきます。そして，さらにそこに王子様役の子どもや舞踏会の音楽なども加わり，遊びが発展していくのです。

このように，目の前の子どもたちの姿は日々変化していきます。また，昨日の姿と今日の姿が必ずしも同じとも限りませんし，もちろん事前に計画した保育がいつでも思い通りに進むわけでもありません。そうした際に保育者は，既存の計画に囚われるのではなく柔軟にかつ臨機応変に計画を変更・修正していくことが求められます。

　前にも述べましたが，保育の主役は子どもです。この事例のように，保育者は子どもたちの主体性や自主性を生かしながら，保育者の「遊びがより一層発展し，遊び込んでほしい」といった新たな願いに基づき，日々のさりげない遊びの場面においても柔軟な関わりが保育における計画においては重要となります。

引用文献

久富陽子・梅田優子・小櫃智子・善本眞弓・小山朝子　2017　幼稚園・保育所実習指導計画の考え方・立て方　萌文書林

参考文献

加藤敏子・岡田耕一　2019　保育の計画と評価を学ぶ　萌文書林

第 **3** 部

保育の実際

第**10**章 子どもと保護者を支える保育の実際—ユリの保育記録—

本章で学ぶこと　子どもは保育所や幼稚園で過ごす1年の中で大きな成長を見せてくれます。四季を通じてさまざまな自然と出会い，人と関わり，葛藤や喜びを感じながら日々を過ごしています。

本章では，実際に保育所で過ごす3歳児のユリの保育記録を読みながら，さまざまなことを経験して育っていく子どもの姿や保育場面で大切にしていることを皆さんと一緒に考えたいと思います。

▶▶▶ キーワード：保育者連携，保護者支援，異年齢保育，子ども理解

第1節　入　園

エピソード①

はじめての園生活（3歳児・5歳児）

　保育所に入園したばかりの3歳児のユリは，今日から本格的に3・4・5歳児の異年齢クラスでの生活となります。登園のときにお母さんから離れられなくて泣いていました。担任のアツシ先生が優しく抱き上げて，「ママがいいよね。ママはお仕事が終わったらすぐに迎えに来てくれるから，それまでユリちゃんも僕やお友達とたくさん楽しいことをして待ってようね。」と話して，受け入れをしました。友達が室内で遊んでいる姿を見てもシクシク泣いているユリでしたが，園庭にみんなが出るタイミングで先生はウサギ小屋にユリを連れていきました。「赤ちゃんウサギ可愛いね」と指さすと，泣いていたユリもウサギを眺めました。そこでは，5歳児のタツヤがウサギのエサ係でキャベツの葉をあげていました。先生が「ユリちゃん，タツヤくんにキャベツをもらってあげてみる？」と聞くと，ユリは保育者に抱かれながらキャベツをもらい，ウサギにあげました。

　その日は，時々思い出してはシクシク泣き出すこともあったユリですが，お母さんが迎えに来

るととびきりの笑顔になっていました。先生が「今日はウサギに葉っぱを
あげたんですよ。」と伝えると，お母さんも嬉しそうに先生から一日の様
子を聞いていました。

　次の日，ユリはビニール袋に入ったキャベツの葉を持参して登園しまし
た。先生が「ウサギさんのごはんを持ってきてくれたんだ。ありがとう。
後で一緒にごはんをあげようね。」と話すと，ユリは「うん」とうなずいて，
泣かずに入室をしました。

　初めての環境というのは，幼児になったからといって不安を感じないというわけではあり
ません。この場面で保育者はユリに「個別的対応」をしていますが，それだけで終わってい
ません。年長児のタツヤとも関係をつないでいくことで，ユリにとって安心できる居場所を
作ろうとしています。また，保育者がお迎えに来たお母さんにこの話をしたことはお母さん
の安心感にもつながったと思います。親の目の届かない環境にいてもユリのことを知ること
ができ，保育所と家庭はつながっていると保護者の方が感じてくれることもユリが安定した
園生活を送るうえでは必要です。

　実際の保育現場でも，ユリのように早く環境になじめる子どもばかりではなく，1週間〜
1か月ほど思い出しては泣いてしまう子どももいます。初めてで慣れない環境をいかに子ど
もと一緒にのりこえるかは，保育者にとっても色々な知恵をしぼらなければならない場面と
なるでしょう。

考えてみよう！

➡ ユリは何で立ち直ることができたのでしょうか。

➡ 初めての保育所で，保護者が不安に感じることは何でしょうか。

第2節　春

エピソード2

虫博士との出会い（3歳児・5歳児）

　保育所での生活にすっかり慣れたユリは，最近では5歳児のナギの後についていって，園庭で
虫探しをするのが面白くなってきました。ナギは，「鬼ごっこしよう」と友達に誘われても「足が
遅くてすぐつかまるから嫌だ！」と一人で虫探しをしていることが多い子でした。ユリが黙って

一緒にそばにいて虫探しをしても特に話しかける様子もなく，虫探しをしていました。

　ある日，アツシ先生がカブトムシの幼虫をクラスに持ってきて「カブトムシの赤ちゃんを育てたいんだけど，何が必要かな？　わかる人いる？」と聞くと，ナギが「ゼリーを上げるといいよ」「サナギになったら動かさないほうがいいんだよ」とたくさん飼い方のアイデアを出してくれました。先生が「ナギくん，すごいね。虫のことを何でも知っている虫博士だね。」と話すと，周りの友達も自然と「ナギくんは虫が大好きだもんね。博士って物知りなんだよね。すごいなあ。」と話し始めました。

　その翌日からクラスでは虫探しがブームになりました。子どもたちは虫を見つけると「ナギくん，これって何の虫？」と聞き，ナギは一気にクラスの中心人物になりました。虫をうまく見つけられないユリにもナギは優しく「ゆりちゃん，そこじゃなくて，植木鉢の下とかにいるよ。」と声をかけ，「この虫は寒いところが苦手なんだよ。」と色々教えてくれました。

　5歳児になると，周りの人と関わることが大きな影響を与え，成長を促していきます。ナギもはじめは足が遅いからという理由で，「鬼ごっこは嫌だ」と友達と遊ぶことを避けており，むしろクラスの中で劣等感を持っていました。ところが，虫が大好きなことを知っていた保育者がカブトムシの飼育を提案したことで，彼の持ち味が生かされクラスの誰からも認められる存在になりました。このことをきっかけにしてナギ自身の世界も広がり，ユリという年少者への配慮もみられるようになります。

　3・4・5歳の異年齢クラスでの生活においては，このように年長児が年少児に思いやりを持って接したり，年少児にとっても年長児は憧れの存在として，行動を真似しようとする姿が良く見られます。日ごろから「～ができる（できない）」ではなく，一人ひとりの個性を尊重しながら保育が行われていることがよくわかると思います。

考えてみよう！

➡異年齢保育と年齢別保育の違いは何でしょうか。

異年齢保育

　子どもが誰と遊ぶか，一緒に過ごすかは，年齢で決まるわけではありません。共通の関心，能力の違い，性格的に共感するなどさまざまな要素があります。

　5歳児で苦手な分野がある子も，少し簡単な遊びに参加することで活動の中で成功感を得られますし，3歳児でも何か得意な分野がある子，好奇心の強い子は，大きな子の活動に参加することができます。3歳児や4歳児は，最初のころは自分よりも年上で発達した子たちと一緒に過ごして，自分の年齢が上がれば，自分より小さい子がクラスにいます。

　異年齢保育では，自然とさまざまな立場（リーダーシップをとる，指示を受け入れる，同等の関係など）を経験することができ，自分自身のことや社会性を育てていくうえで大切な経験を得ることができます。

（石川素子）

第3節　夏

エピソード3

こだわりに寄り添う（3歳児・5歳児）

　夏が終わり，5歳児のお姉さんたちが可愛い柄の洋服を着てくることが多くなりました。ユリも真似をしたくてお母さんに新しい服を買ってもらい，保育所に着てきたところ，通園途中で雨に濡れてしまいました。保育室の前でお母さんが着替えさせようとするとユリは「これがいいの！着替えない！」と泣き始めました。それを見ていたアツシ先生は「お母さんはお仕事に行かなくてはいけないから，ここからは先生とお話しようか。」とお母さんを見送ってから，「ユリちゃんは新しいお洋服をみんなに見せたかったんだよね？」「でも濡れちゃったんだ。どうしようか。」と話しかけました。ユリは「先生も嫌い」と言いうつむいたままです。

　同じクラスのミクリ先生が「先生がユリちゃんの洋服を乾かしている間，別の洋服を着ることはできる？」とユリの衣類籠から「このお花もかわいいな。」「やっぱりハートがいいかな。」「先生ならチェックかな。」と話しながらユリの洋服を一つずつ出し始めると，ユリは「ピンクのハートにする」と小さな声で言い，着替え始めました。

お昼寝から目覚めた後，枕元を見るとユリの服が乾いた状態で，たたんでありました。ユリは手早く着替えをすますと「先生，〇ちゃん，見て見て！」と大喜びでくるりと回って見せていました。

　3歳児期は自己主張やこだわりも現れる時期です。大人にとってはとても大変な時期ですが，子どもの心の発達から見るなら，「自分でやれる」「やりたい」という気持ちをさまざまな形で試し，自分の力への信頼（＝自信）を積み重ねていることの現れなのです。この場面でのユリは自分で選んだかわいい服をみんなに見せることをとても楽しみにしていました。それは，雨で濡れてしまっても「脱ぎたくない」という思いにつながります。

　お母さんともめていたときに，仲介に入ったアツシ先生でしたが，ユリの気持ちを代弁したにもかかわらず，「嫌い」と言われてしまいます。保育者にとってはこんなことも日常茶飯事です。この場面では，アツシ先生がこれ以上ユリと関わることは難しくなったという判断から，ミクリ先生の出番となりました。保育者同士の連携はこんなところにも見られ，自分が接している子ども以外の場面でも他の保育者が誰とどのように関わっているかを観察していることがわかります。

　ミクリ先生にバトンタッチしてから，ユリは少しずつ落ち着きを取り戻し始めます。先生はユリ自身が選べるように「どれがいいかな」と話しながら服を提示し，落ち着いて考えられる時間を提供しました。さまざまな工夫と知恵を働かせて方法を示せば，子どもの自発性や意志を削ぐことなく，社会のルールとの折り合いの付け方を教えてあげることができるでしょう。子ども自身に考える力が育ってきたことを喜びながら，この時期の "こだわり" に楽しく付き合って欲しいと思います。

──考えてみよう！──

➡ 保育者同士の連携はどんな場面で必要になるでしょうか。

第4節　秋

エピソード4

保護者と共にのりこえる（3歳児・5歳児）

　このごろユリの様子が変です。遊んでいてもいきなり寝転がって指しゃぶりを始めたり，午睡中に突然泣き出したりすることもあります。

　実は，ユリのお母さんのお腹の中には赤ちゃんがいて，ユリはもうすぐお姉ちゃんになるのです。アツシ先生がお家での様子をお母さんに聞いたところ，お腹がだんだん大きくなってきて，

ユリを抱っこする時間が減っており，お父さんに外遊びを任せてしまうことも増えているとのことでした。家ではむしろ「お母さん頭痛いの？」など心配してくれて，家のお手伝いをいつも以上にしてくれているとのことでした。

　少しして，ユリのお母さんが保育参観で園に来てくれる日がありました。

　先生が「今日はユリちゃんのお母さんがお話をしてくれるよ。」とお母さんを室内に招いて，ユリのお母さんをクラスの皆で囲みました。

　ユリのお母さんは「今日はユリが生まれたときのおはなしをするね。」と，ユリがお腹にいるとわかったときの嬉しかった気持ち，なぜユリという名前を付けたのか，生まれたばかりのユリの話などたくさんのお話をしてくれました。どの子も真剣にユリのお母さんの話を聞いていて，「今もお腹に赤ちゃんいるんだよね。」と5歳児のタツヤが言うと，お母さんは「そうだよ。ユリはお姉ちゃんになるんだよ。生まれたときからユリみたいなお姉ちゃんがいて，赤ちゃん嬉しいよね。」とお母さんは微笑みました。

　クラスの皆は「ユリちゃんいいなあ。」「お腹さわってもいい？」「おーい，赤ちゃん，みんなで待ってるよ〜」などお母さんのお腹を優しくなでていました。ユリはニコニコでお母さんと皆の姿を見ていました。

　子どもは周囲の変化に敏感です。特にきょうだいが生まれるということは，それまで一人っ子で育ってきた子どもにとっては非常に大きな出来事です。ユリにとっても同様で，「今までいつでも抱っこしてくれたお母さんがあまり抱っこしてくれなくなった。」「外に行くときにはお父さんと行くことが多くなった。」と環境の変化を感じています。

　親の気を引くためにわざとわがままを言ってみる，スキンシップが多くなる子もいますが，ユリはむしろ「お母さん大丈夫かな」と，いつも以上にお手伝いを頑張ってしまいます。その結果，園で指を吸った状態でぼーっとしてしまう，午睡中に急に泣き出してしまうという行動につながったのだと思います。

　園でのユリの姿をお母さんに伝えた上で，保育者は保育参観の際にお母さんに話をしてもらうことを提案しました。お母さんのお話からはユリに対するたくさんの愛情があふれていて，聞いていた子どもたちも保育者も温かい気持ちになりました。もちろん，ユリもお母さんの話から感じたことがあったのだと思います。このときからユリは「赤ちゃんが生まれても私は大丈夫！」と気持ちを切り替えられたのだと思います。その後は，いつも以上に活発に遊ぶようになり，友達と遊んでいるときにも生まれてくる赤ちゃんの話を嬉しそうにするようになりました。お母さんも，ユリの変化を先生から聞きホッと安心したのでした。

考えてみよう！

➡ 赤ちゃん返りの主な行動は何でしょうか。また，このような行動が出たときに大人はどんな対応をしたらよいでしょうか。

コラム

保護者支援

"孤育て" という言葉を知っていますか？ 孤育てとは，パートナーや親族等から協力を得られず，社会から孤立し子育てを一人だけで担う状態です。乳児の虐待死などをきっかけに注目され，コロナウイルス流行後にさらに深刻化が懸念されています。これは単純な個人の問題ではなく社会全体の問題と考えてよいと思います。

保育所における保育者の仕事は，子どもとの関わりだけではなく，保護者への支援（以下，保護者支援）も重要な役割とされています。また，上記のような悩みを抱えている保護者に対して，その悩みを聞き，少しでも育児が楽しめるように子育ての協力者として保護者に寄り添うことが大切になります。

では，具体例を通して考えていきたいと思います。

ハルの昼寝（3歳児）

3歳児クラスのハルは，『よく遊びよく食べよく眠る』そんな子どもらしい子どもです。担任はハルに対して何の問題も感じていませんでした。ある日，保護者からの連絡帳にこんなコメントが書かれていました。『家では，いくら早く寝室に連れていっても寝てくれません。眠るのは，絶対に10時を超えてしまいます。どうしたら早く寝られるようになりますか？』これを読み，担任は『毎日10時に寝るのは少し遅いけど，そんなに悩むほどのことではないだろう』とあまり深く考えることはありませんでした。そのため，「3歳児クラスになり，鬼ごっこなど身体を使う遊びが増えてくるので，日中の活動量が増えれば，自然と入眠時間も早まっていくと思いますよ」と返事をしました。

その日から，保護者は，登園もしくは降園時にハルの睡眠について，たびたび話題にするようになりました。「そのうち変わっていくだろう」と簡単に考えていた担任でしたが，1週，2週と日を重ねても，一向に睡眠時間は早くなりませんでした。ある日のお迎えの際，保護者から「子どもは9時には寝るものですよね。色々やっているんですけどなかなかうまくいかなくて…」と相談されました。保護者が，子育てに大変熱心であること，子育て情報に縛られていること，良い親でありたいという思いに追い詰められていることが伝わってきました。担任は保護者の話を，改めてじっくりと聞いてみることにしました。早く寝かせるために降園後，家に帰る前に公園に寄り1時間以上遊ばせたり，家事を後回しにして寝室に行く時間を早める等，大変な努力をしていることがわかりました。それでも改善が見られず，親としての自信を失っているようでした。保護者の話を聞いてから，保育所での午睡（昼寝）の時間が夜の睡眠に影響しているかもしれないと考え，午睡時間

を工夫をしてみることにしました。たんぽぽ組の昼寝は13時〜15時の2時間です。最初は，30分早く14時30分に起こすことにしました。しかし，30分程度では効果が出ないため，翌週は1時間短くというふうに，少しずつ早く起こすことにしました。それでも，期待された効果はなく，夜早く入眠することはなく，ハルの昼寝時間が短くなっただけでした。

　しかし，この頃になると保育者も保護者も，ハルの入眠時間について深刻にとらえることがなくなり，次はどんな対応をしようかと笑いながら話せるようになっていました。そして，保護者からは「ここまでやっても変化がないなら仕方が無いですよね。少し様子を見ることにします」と睡眠の話題は自然と減り，保育所での午睡時間も元通りになりました。このころから，保護者と保育者は，保育所や家庭でのハルの楽しい出来事をたくさん話すようになり，共に成長を喜び合える関係になっていきました。

　保護者支援とは保育者が保護者の育児の悩みや不安を解決することが大事なのではなく，その悩みや不安に寄り添うことが大切です。悩みの大小は人それぞれですし，同じ不安でも受け止め方の程度は一人ひとり違います。保育者は保護者のそんな思いを真摯に受け止め寄り添うことが求められます。また，保護者支援はいつ，どのようなタイミングで求められるかわかりません。上記の事例では連絡帳がきっかけでしたが，それが立ち話から繋がるケースもありますし，子どもの発言から発展することもあります。

　保育者は日頃から，子どもだけでなく保護者を含めた変化に気づけるようなアンテナを張っていることが重要です。このような丁寧な対応をしていくことで保護者は保育者を信頼するようになり，些細なことでも話ができる間柄に繋がっていきます。悩みを共有し解決に向けて一緒に考えていくことは，直接その悩みを解決できなくともお互いに納得のいく状態を迎えることができるようになります。「昨日より今日，今日より明日」と保護者が少しでもポジティブに育児に向き合うことができるように支援することが保護者支援の第一歩なのではないでしょうか。

（小泉　篤）

第5節　冬

エピソード5

進級に向けて（2歳児，3歳児，4歳児）

　2月も終わりの暖かくなり始めたころ，5歳児がクラスにいない時間に2歳児クラスのお友達が遊びに来るようになりました。2歳児のエリカは幼児クラスの玩具に興味津々。ユリが遊んでいたキッチンのおもちゃもどんどん持っていってしまいます。ユリが戸惑いながら「つかってるよ。」と言っても，エリカは「かしてー」と言ったもののやはり持っていってしまいます。ユリが「つかってるからダメ！」と取り返すと，エリカは今度は「わーん」と泣き出してしまいました。

それを見ていた4歳児のアヤノは「じゃあわたしのをあげるよ。はい，エリカちゃん。」とエリカの欲しがっていた玩具をあげました。「なんでアヤノちゃんあげるの？」とユリが聞くと「まだお部屋のこととか，わかんないんだから，しかたないよ。アヤノはあとであそべるから。」と話すのでした。

先生たちはニコニコしながら子どもたちのやりとりを見守っています。

給食を一緒に食べ終わってから，2歳児クラスのお友達は部屋に帰っていきました。ユリは「〇組さんのお世話つかれた〜」と言って布団に入るとすぐに寝てしまいました。

年度末が近くなるころ，保育所では進級の準備が始まります。特に2歳児クラスから3・4・5歳児異年齢クラスに進級することは，子どもたちにとっても大きな変化となります。4月1日から「はい，幼児クラスです」となるのではなく，1日数時間から，まずは遊びに行く，次は食事まで食べるなど徐々に環境に慣れていくことをしながら，進級時の子どものストレスを極力減らせるような配慮を保育所では行います。この時期の2歳児クラスの子どもたちは，幼児クラスの環境に興味津々です。エリカのように周りを気にせずに興味のあるものにどんどん触れたり，自己主張が通らないときは泣いて主張を通そうとするときもあるでしょう。

ユリはこれまで3歳児で，5歳児の子どもたちからお世話してもらい，可愛がられていたのが，急にエリカのような存在があらわれて自分の立場が変わることに戸惑っています。

一方，アヤノは余裕があり，後で使えるからとエリカに対して優しく接することができます。異年齢混合クラスの子どもたちを見ていると，このような社会性の発達を見ることができます。アヤノ自身もこれまで3歳児から4歳児と過ごしてきて，これから5歳児へと成長していく自覚のようなものも感じているのでしょう。

また，ここで重要なことは保育者がすぐに介入していないことです。子ども同士の関係で誰かが泣いてしまったりしても，すぐに仲裁に入るのではなく，子ども同士の解決する力を信じるということです。実際に，アヤノの機転のおかげでエリカは泣き続けるのではなく，満足して遊びに向かうことができました。

1年後のユリもこのように成長しているのではないでしょうか。

考えてみよう！

➡子どもが進級に対して不安を感じているとき，保育者は何ができるでしょうか。

第6節　ユリの1年を振り返る

　ここまで，ユリの1年間の保育記録を読みながら，異年齢保育で育つ子どもの姿や，子どもが興味・関心を持って環境と関わる中で成長していく姿をとらえることができたと思います。

　子どもが自己肯定感を育みながら健やかに成長していくためには，保育現場で子どもが発するさまざまな声を丁寧にひろっていく保育者の配慮や保育者同士の連携が必要となります。もちろん，保護者とともに一人の子どもを育てていくという意識を持ち，保護者を支援していくことも大切でしょう。

　まずは，皆さん自身が"子どもが真ん中""子どもから出発する保育"を目指して保育のプロセスを楽しんでみるといいですね。

第**11**章　保育者の学びのプロセス
―実践を振り返る―

本 章 で
学ぶこと

　　ユリちゃんの１年を通し，子どもの成長を保育者がどのように支え，関わ
っているかを知ることができたかと思います。本章では，保育者に焦点を当て，
日々の保育実践をどのように行い，振り返っているのか，そして子どもを主体とした保
育に求められる振り返りにはどのようなものがあるのか，見ていきたいと思います。

▶▶▶ キーワード：保育実践，振り返り，表現あそび，リフレクション，ALACT モデル

第１節　日々の保育実践

　子どもたちと過ごしていると日々，「あの時，あの子にこう言った方が良かったかな」，「こ
うしておけば良かったな」など自分自身の言動を振り返ることが多くあります。その日の日
誌を書きながら１日を思い出しているとき，同僚と保育の話をしているとき，会議で子ども
の話になったとき，など本当にふとした瞬間に訪れます。保育者はそのようなとき，どうし
ているのでしょうか。実際に自身の保育を振り返り，悩んで葛藤する保育者の姿から保育実
践を振り返るとはどういうことなのか考えていきたいと思います。

▶ エピソード１

子どもの姿に悩む保育者（１歳児）

　１歳児クラスの担任をしているサトミ先生は最近，子どもたちのことで悩んでいることがあり
ました。それは給食の時間のことです。座って配膳されるのを待つ間，子どもたちがテーブルを
バンバンと叩くのです。食べることが好きな子どもたちなので目の前に給食があるときには食べ
ることに夢中で，食後はそれぞれが食べ終わり「ごちそうさま」をするとすぐに席を立っていき
ます。子どもたちがテーブルを叩いているとき，サトミ先生は「すぐにご飯来るから待っててね。」

と話します。子どもたちのテーブルを叩く行動が数日続き，ついにサトミ先生は「おつくえ叩かないで！」と大きな声を出してしまいます。

その日，サトミ先生は「子どもたちに大きな声出しちゃった。そんなことしたくないのに。最近どうして子どもたちはテーブルを叩くんだろう。前はそんなことしなかったのに。」と自分の行動を反省し，考えました。ご飯が待ちきれないからなのか？　時間を持て余してしまっているからなのか？　と，この数日，すぐにご飯が食べられるようにしたり，少しの間に手遊びをしたりと自分なりに考えていたのに，子どもたちの行動は変わらないので悩んでいました。サトミ先生は一緒に担任をしている保育者歴も長いユイ先生に相談してみました。すると「給食の時間だけじゃなくて，他の時間の子どもたちの様子も思い出してみたら？　確かにご飯のときにテーブル叩くのはマナーが悪いけど，誰に迷惑をかけているわけでもないから様子見てごらん」と言われました。

自身で考え，保育を変えてみても自分が悩んでいる子どもたちの姿が変わらないことは，保育者になると直面する課題です。それに焦ってしまうことで子どもに怒ってしまう，保育者として良くないとわかっていても否定的な言葉をかけてしまったり，大きな声を出してしまったりすることがあります。自身のその行動を反省し，自分だけではどうしたらいいか考えつかなくなってしまったため，サトミ先生は他の保育者に相談しています。他の保育者は同じ子どもたちの行動に対し，自分とは違った見方をしていることがあります。そのため，他の保育者と話をすることは大切です。この場面では，悩みの原因となっている食事の場面しか見ていなかったサトミ先生に対し，子どもたちの生活全体を見るようユイ先生がアドバイスしています。保育を振り返るとき，当てはまるその場面についてだけ思い返すのではなく，その前後に何をしていたのか，最近の子どもたちの様子も含めて振り返ることで見えてくるものがあります。

生活全体を含めて子どもの姿から考えるように言われたサトミ先生は，その後どうしたのでしょうか。

⎛考えてみよう！⎞

➡ 子どもたちはどうしてテーブルを叩いていると思いますか。

➡ 皆さんがサトミ先生の立場になった場合，どのタイミングで他の保育者に相談しますか。

第2節　保育実践を見直す

エピソード②

子どもの姿をよく見てみると

　ユイ先生に子どもたちの生活全体を見るようにアドバイスをもらったサトミ先生は，子どもたちの姿をしっかり見ようと意識し直しました。すると遊んでいる姿の中から楽しんでいることの共通点を見つけました。

　お部屋で遊んでいるアヤとユキ，ゲンタは小さな太鼓やタンバリンなど楽器を鳴らして遊んでいます。音を出しては顔を見合わせたりダンスしながら音を出したりしています。お散歩に出た公園では，コト，レンが木をこんこんと叩いています。いろいろな木を叩いては耳をつけ，音を聴いているようです。アヤは落ち葉の上を歩きながら「ばりばり」と聴こえた音をオノマトペとして表現しています。

　サトミ先生は子どもたちが "音" に興味を抱いていることに気が付きました。今，子どもたちは音を出したり聴いたりすることを楽しみ，表現することを楽しいと感じているのだと思いました。その音を出すことがテーブルを叩くことにつながり，単純な動作のため，みんなで揃って音を出せることが楽しくなっているのではないかと考え，それならみんなで音を出せる場をつくってみよう，と思いつきました。

　困っている場面だけでなく，生活全体を通して見てみると，違った視点から子どもたちの姿を考えてみることができるようになります。一つの物事への興味関心も，環境が違うとそこに合わせて変化して現れます。そのため，子どもの姿を捉えようとするときには，1場面だけでなく，全体を把握することが大切です。その場面だけで考えてしまうと，今回の場合，普段は音を出すと「面白い音がするね」「どんな音がするの」など，より興味関心が広がるような言葉がけをされているのに，テーブルを叩いて音を出すと叱られ，不思議に思うでしょう。しかし，食事前にテーブルを叩くという行動は褒められるものではありません。そこで，子どもたちの "音" に対する興味関心を失わずに，思う存分，音を出して楽しむ場をつくってみることにしました。

　このように，保育を振り返ることで子どもの興味関心に気が付き，より関心を広げられるように展開をしていくきっかけを得ることができます。子どもの姿をもとに次へ繋げる保育を考えていくためにも振り返ることには意味があります。

➡ 子どもたちが音を楽しんでいるとき，みなさんはどのような言葉がけをしますか。

➡ この後，どのように保育を展開していこうと思いますか。

第3節　新しい保育実践の試み

エピソード3

思いっきり表現してみよう

　早速，サトミ先生は自分の考えたことを一緒に担任をしている先生方に話をしました。そして，いつもは食事のときにしか出さないテーブルをお部屋の一角に出し，テーブル近くにはキーボードも置いて室内の環境を変化させました。

　お部屋に入ると早速，テーブルが出ていることに気が付く子がいます。レンはテーブルにやってきて，両手でバンバンと叩きます。気づいたゲンタもやってきて，同じように叩いています。2人ともとても楽しそうに全身を使って音を出しています。しばらくすると2人は満足したように違う遊びをしに行きました。今度はナオトがやってきておそるおそるテーブルに手をかけます。そのまましばらくキーボードを眺めています。そこにアヤがやってきて「カエルする」とサトミ先生に伝えます。サトミ先生は「いいよ，歌おうか」と話し，キーボードで『かえるのがっしょう』を弾き始めます。子どもたちは最近このうたが大好きで歌う子もいれば，リズムに乗って身体を動かす子もいます。サトミ先生が弾き始めると，レンとゲンタは戻ってきて音楽に合わせて両手でテーブルを叩きます。アヤは歌いながら手を叩き，ナオトは控えめにテーブルを叩いています。楽器を持ってやってくる子がいたり，その場でダンスを始める子がいたり，テーブルを叩きにくる子がいたりといつの間にか演奏会のようになっています。サトミ先生は思いついてテンポを変えてみます。速く弾くと子どもたちも一生懸命速くし，ゆっくり弾くとあれ？　と不思議そうにサトミ先生の顔を見ています。何度も繰り返し，子どもたちは大笑いしながら自由に音を出したり歌ったり，ダンスをしたりと表現しています。ユイ先生も他の先生も参加し，子どもたちと一緒に楽しんでいます。

　クラスではしばらくの間，子どもたちの大好きな歌「かえるのがっしょう」や「むすんでひらいて」などを楽器やテーブルなどの身近にあるもの，手拍子など身体をつかって音を出したり，歌ったり，ダンスしたりとそれぞれが自由に自分自身の表現を楽しみました。サトミ先生もテンポだけでなく，音を大きくしたり小さくしたりと簡単な変化をつけて曲を弾きました。この演奏会が開かれるようになると，次第にサトミ先生が困っていた子どもたちのテーブルを叩く行動もなくなっていきました。

子どもたちの興味関心を最大限に活かそうと，まずは保育室内の環境を少し変化させています。保育室内の配置はいつも決まっているわけではなく，子どもたちに合わせて変化させていくことで遊びや行動も変化していきます。同じように，遊びが発展していくようにモノや道具を置くこともあります。このような子どもたちに合わせた環境設定は保育の振り返りから生まれていきます。今回，サトミ先生は子どもたちが音を楽しんでいる姿から，テーブルも楽器の一つとして取り入れて，子どもたちと表現遊びをしようというねらいを持って環境をつくっています。子どもたちは環境の変化にすぐに気が付いて，テーブルを使って音を出します。そして，一人の言葉をきっかけに演奏会へと発展していき，子どもたちは一人で楽しんでいた音遊びから同じ音楽を共有した音遊びへと変化していきます。子どもたちそれぞれが持っていた"音"への興味関心を音楽にのせた音遊び，表現遊びへとつなげていったのです。すると，サトミ先生が困っていた子どもたちの姿はなくなり，歌いながら音を出したり，ダンスをしたりする姿が増えていきました。子どもたちはより楽しく音を出す方法を知ったことで，食事前にテーブルを叩いて音を出すことから卒業したのでしょう。

考えてみよう！

➡ 自身の行動を振り返るとき，どのような方法があるか考えてみましょう。

　保育実践を振り返ることは，保育を広げていくために必要です。「今日は～だったな，あの時こうしたらどうだったんだろう」「どうしたら良かったんだろう」「こうすることもできたかな」などの疑問が，振り返りの始まりとなることが多いのではないでしょうか。この疑問から子どもの姿を思い出しながら「こうしてみよう」「次はこうしよう」などさまざまな関わり方，環境設定などを考えることが保育の楽しさだと思います。このときに大切なのが，子どもの姿をもとに考えることです。大人である保育者が子どもにどうして欲しいのか，ではなく，子どもはどうしたいのか，と考えていきます。しかし，子どもがどうしたいのか保育者が完璧に考えられるわけではありません。そのため，振り返って実践してみたにも関わらず，上手くいかないこともあります。上手くいかなかったときには，また違った視点から子どもの姿を考え，実践していけば良いのです。実践をし，振り返り，また実践をして…と繰り返していくことで，子どもと保育者が協働しながら成長していくのではないでしょうか。

保育カンファレンスの実際

　テルマサ先生は3年目の男性保育者です。今年は3歳児クラス（以下，クラス）の配属となり，5年目のユミコ先生と2人で担任をしています。元気いっぱいのクラスで，テルマサ先生は毎日ヘトヘトになるほど子どもと一緒に遊んでいます。中でも，ユウキは群を抜いて元気いっぱい。遊び方はダイナミックで発想も豊かです。大人から見ると少し危ないと思うようなこともありますが，他の子が思いつかないような遊びを工夫して，保育者を驚かせることも。例えば，中に入って遊ぶように園庭に置いてあるタイヤを背丈ほど高く積み上げ，そこによじ登ってジャンプする等，保育者は「ケガするからやめようか」とユウキの遊びを止めることが多くなっていました。

　ある日の休憩室。突然ユミコ先生が「どうしてユウキ君はいつも危ない遊びをするんですかね。いくら注意してもなかなか止めてくれないのよ」と話し出しました。すると，それを聞いた他の保育者も「そうよね。あの遊び方は危ないよね」等と，ユミコ先生に共感する意見が数多く上がりました。そして，テルマサ先生はユミコ先生から，このことについて意見を求められ「そうですよね。危ないですよね」と返しました。しかし，テルマサ先生の本心は違いました。内心「ユウキはいつも楽しそうだよな。危ないと感じる程の遊びではないな」と思い，他の先生とユウキの遊び方に対する捉え方の違いに違和感を抱くようになっていました。そんなテルマサ先生の異変に気づいた園長先生は職員会議の議題に，"ユウキの遊び方"を入れることにしました。

　そして，職員会議では，ユウキの遊び方について意見が交わされました。初めに園長先生はテルマサ先生にユウキの遊び方について意見を求めました。テルマサ先生は「僕はユウキ君の遊び方は，少し激しい部分もありますがケガに繋がりそうな危ない遊び方ではないと思っています。タイヤで遊ぶときも，いつも僕が近くにいるときなんです」。それを聞いた他の先生から「えー!?　そう思ってたの？」「たしかに，激しいけど危なくはないかも。それなら5歳クラスの〇〇ちゃんも，そうだよね」等と，テルマサ先生の見解に驚く意見や，ユウキの遊び方を考え直す発言が聞かれました。その一方，「そうは言っても，ケガをする可能性が高い遊びはやめさせた方が良い」や「なんで，積み木は良くてタイヤは積んじゃいけないんだろう」，「そもそも，タイヤは3つしか積んじゃいけないって園長先生が決めていたと思う」等，ユウキの遊び方についての意見交換だけでなく，徐々に他の子どもやクラス，そして保育所全体の遊び方を考え直すような意見がたくさん出ました。そして，遊び方のルールをみんなで決め直すことにしました。

　①大人に声をかければタイヤは自由に積んで遊んでも良い

　②まっすぐ積み上げたタイヤじゃないとよじ登ってはいけない

　③積み上げたタイヤを登るときは必ず大人を呼ぶ（タイヤの隣にいてもらう）

　カンファレンスとは特定の議題（テーマ）に対し協議や会議をすることです。本事例では，子

ども一人の遊び方に対する保育者のつぶやきから，職員会議を経て保育所全体の遊び方のルール変更にまで発展していきました。カンファレンスで大切なことは，各々が対等な立場で自由に自分の意見を発信することができ，それが否定されず，意見交換を通して，それぞれの意見が建設的に発展していくような環境が整えられていることだと思います。上記の事例でも，誰かが「その意見は間違っている」と相手の意見を否定し，早急に解決するような雰囲気が生まれていたら，結末は大きく違っていたと思います。まずは，相手の考えに思いを寄せ，尊重し，「正解は一つ」と決めつけず，さまざまな意見や考えを出し合う中で生まれてくる新しいアイディアを大事にしたいものです。

　"カンファレンス"と耳にすると横文字で少し堅苦しく考えてしまいそうですが，「誰からも否定されない良い保育をつくるために話し合える時間」がカンファレンスだと私は思います。

（小泉　篤）

第4節　保育の質を高める振り返りの実際

　物事をより良くしていこうと考えたとき，今までしたことを振り返る人が多いと思います。サトミ先生は，自身の保育の振り返りを子どもの姿を見つめ直すことから始め，保育を変えていきました。保育現場ではこのように子どもの姿から振り返りを行うことが多くあります。その他にも多くの振り返り手法がありますが，これからの子ども主体の保育，子どもの well-being を目指す保育に有用な手法はどのようなものか，一緒に考えてみましょう。

1．振り返りの手法
　振り返りの手法は多岐にわたっていますが，主なものとして以下の5つがあげられます。
- ・PDCA：Plan（計画）→ Do（実行）→ Check（評価）→ Act（改善）
  目標を設定し，それに沿った計画を立て，実行し，その結果をもとに評価・改善を行うというプロセスを続けていく。
- ・KPT：Keep（継続），Problem（問題），Try（挑戦）
  これからも継続していきたいことを挙げ，途中で生じた問題を特定し，その問題を解決するために今後挑戦していくことを提案していく。
- ・OODA：Observe（観察）→ Orient（状況判断）→ Decide（決定）→ Act（実行）
  相手を観察することから始め，何が起こっているのかを理解し，状況判断を行い，そこに対しどのように行動していくかを決定し，その決定を実行するというプロセスを続けていく。

- YWT：やったこと（Y），わかったこと（W），T（つぎにやること）

  行動したことを明確にし，そこから得た学んだことをあげ，それらをどのように次へ活かしていくか計画を立てていく。
- STPD：See（見る）→ Think（考える）→ Plan（計画）→ Do（実行）

  今の状況を見て，それをもとに考え，これからどのようにしていくかを計画し，実行するというプロセスを続けていく。

　これらの振り返りの手法は一般企業などのビジネス業界で多く用いられている一方，幼稚園や保育所といった保育現場での研修として用いられることもあります。しかし，どの手法もビジネス界から生まれたもので，業務改善が目的とされた枠組みとなっています。子どもの姿は言葉通り十人十色であるため，与えられた枠組みに当てはめることは難しく，当てはめたところで例外となる出来事が多く起こり得ます。また，大人（保育者）の決めた目標や計画に子どもを当てはめていくことは，子どもの well-being とは反していると考えられます。そのため，これらの手法を用いる際には子どもの姿を思考の中心においておく必要があります。

　上述した 5 つの手法は，次の段階を見据えた振り返りとなっていますが，振り返りの手法の中には周囲の人たちと意見を共有し，視野を広げていくものもあります。

- KJ 法：ブレーンストーミングによって出たアイディアを整理し，問題解決へ結びつける
- ワールドカフェ：少人数で自由に話をし，一定時間でメンバーを入れ替えることで新しい視点やアイディアを得る

　これらの 2 つの手法は，複数人で行うことを前提としています。そのため，他の人の意見や考え方を知る機会になります。保育現場で行うことのメリットとしては，自分の考えを整理し新たな気づきを得られること，そして，自分以外の考え方に触れ，子どもの見方や関わり方に多様な視点を加えることができ，保育の理解が豊かになることです。

　では，なぜこれらの手法では意識的に子どもの姿を中心にしていかないと子ども主体の保育，ひいては，子どもの well-being と離れてしまうのでしょうか。答えは簡単です。それは，すべての手法が元はビジネス業界や社会学などの考え方から生まれているからです。そこで結果を出すことや問題解決を目的とするための手法として考え出されているため，求めていることが異なっているのです。保育実践において必要な振り返りは，子どもとの関わりそのものを見つめ直したり，子どもの姿の捉え方を変化させたりすることです。これらは決して結果や問題解決を目的とするのではなく，保育者が子どもの姿を考えることが目的となります。それでは，子どもの姿をもとに行う振り返りには何か具体的な手法はあるのでしょうか。

第5節　子どもの姿から考える振り返りの手法

　保育所や幼稚園で多く行われている振り返りとして，実際の事例を基にした事例検討が多くあげられます。園内での子どもの姿から職員同士で話し合いを行うことで保育を考え，お互いの保育の質を高めていきます。具体的な事例について他の保育者の話を聞くことで，視野を広げながら自身の保育を振り返ることができます。しかしながら，事例検討の機会（職員会議や研修等）において取り上げられる事例の件数は限られてしまうため，必ずしも自身の保育実践を振り返ることができるわけではありません。そのため自身で行うことのできる振り返りの手立てを持っていると，自分が困ったとき，子どもの姿が見えなくなってきたときや保育の展開を悩んだときなど多くの場面で役立つのではないでしょうか。本項では自身で行う振り返りの手立てとして，コルトハーヘン（Korthagen, F.）のALACTモデルを紹介します。

ALACT モデルとは

　2001年にオランダの教育学者であるF. コルトハーヘンが提唱するリアリスティック・アプローチの基礎となるリフレクション（振り返り）モデルです。教師教育には理論と実践の両方を深めていくことが必要だという考えのもと，経験から学ぶ理想的なプロセスは実践と振り返りを繰り返していくこと，としています。それに基づき，理想的なプロセスとして実践から始まる5つのステップに分けたモデルがALACTモデルです。ALACTモデルの5つのステップは以下に紹介します。ALACTモデルは第5ステップのTrial（試してみる）が次の第1ステップともなり，積みあがるように専門性を発展させていくらせん状モデルです。

図表 11 － 1　ALACT モデル

- ① Action：実践
- ② Looking back on the action：実践の振り返り
- ③ Awareness of essential aspects：本質的な側面への気づき
- ④ Creating alternative methods of action：他の方法を考える
- ⑤ Trial：試してみる

では，この ALACT モデルに前節のサトミ先生の実践を照らし合わせてみていきましょう。

① Action：実践

サトミ先生は1歳児クラスの担任をしており，日々保育をしていて，子どもたちの給食の時間の行動について悩んでいる。数日続き，サトミ先生は大きな声で子どもたちを注意する。

② Looking back on the action：実践の振り返り

子どもたちが配膳されるのを待つ間，テーブルを叩くという行動に悩んでおり，大きな声で注意してしまったことを反省する。

③ Awareness of essential aspects：本質的な側面への気づき

配膳されるのを待つ間，子どもたちがテーブルを叩いてしまうのは「ご飯が待ちきれない」「時間を持て余してしまっている」のではないかと気づく。

④ Creating alternative methods of action：他の方法を考える

「ご飯が待ちきれない」「時間を持て余してしまっている」のであれば，すぐにご飯が食べられるように待ち時間をなくしたり，手遊びをしたりすることで時間を持て余すことがないようにしようと考える。

⑤ Trial：試してみる

すぐにご飯が食べられるよう，子どもたちが座るタイミングを調整し，待ち時間ができる場合には手遊びや絵本を読むなどして常に楽しめるようにしてみる。

　まず，この5つのステップがサトミ先生の第1段階の振り返りとなります。しかし，この5つのステップを辿ってみてもサトミ先生の悩みは解決しなかったことを皆さんは知っていると思います。保育は考えて実践してみたことが必ずしも上手くいくとは限りません。決まった関わり方があるわけでなく，子ども一人一人に合わせた関わり，保育者の個性を活かした関わりによって保育が行われます。だからこそ実践を重ね，繰り返し振り返りを行うという経験が保育者としての成長に繋がるのです。失敗することを恐れ，やらないのではなく，やってみてどうして上手くいかなかったのか，次はどうしていくのかを考えていくことが大切です。ALACT モデルがらせん状になっているのはそのためです。うまくいかなかった実践はそこで終わりではなく，その実践があったからこそ次に繋がっていくのです。サトミ先生の実践も引き続き ALACT モデルに照らし合わせてみます。

①' Action：実践

子どもたちがすぐにご飯が食べられるよう，座るタイミングを調整し，待ち時間ができる場合には手遊びや絵本を読むなどして常に楽しめるようにしてみるが，テーブルを叩くという行動は続いている。

②′ Looking back on the action：実践の振り返り

ユイ先生からのアドバイスを基に，子どもの生活全体を見ようと意識をし直す。

③′ Awareness of essential aspects：本質的な側面への気づき

子どもたちが音を出したり聴いたりすることを楽しみ，表現することを楽しいと感じていることに気づく。

④′ Creating alternative methods of action：他の方法を考える

子どもたちが好きなように音を出せる場をつくってみようと考える。

⑤′ Trial：試してみる

テーブルを使って自由に音が出せるよう，室内の環境を変化させ，子どもたちが音を出し始めたら表現遊びに発展させていこうとする。

サトミ先生は1度目の振り返りで上手くいかなかったため，自身の子どもの行動の捉え方を変え，再度振り返ったことで新たな気づきを得ることができたことがわかります。子どもが何を思い，考え，感じているか，を保育者が考え，子どもの気持ちに寄り添うことは保育者に求められる大切な役割ですが，保育者が考えたことが本当に子どもの気持ちと一致しているとは限りません。同じ行動をしていても，子どもによって考えはさまざまです。そのため，子どもの気持ちを「こうかな」「こっちかな」「でもこう思っているかもしれない」とその子の普段の様子や性格等を踏まえながら考えながら繰り返し振り返り，新たな気づきを得ることで実践を積み重ねていくことができます。この実践の積み重ねが保育の専門性を高めることに繋がり，子どもたちと共に成長していくことになるでしょう。

1．振り返りを深めるためのポイント

サトミ先生の実践を ALACT モデルに照らし合わせたことで，実践の積み重ねを繰り返し振り返っていくことの大切さを知ることができたのではないかと思います。しかし，サトミ先生がこのように自身の実践を振り返ることができたのは保育者として経験年数を重ねていたからです。保育者として働き始めたばかりの頃は，自身の実践の振り返りを行っても反省するばかりで次の保育へ繋げていくことは難しかったと思います。

保育を振り返るときに難しいところは ALACT モデルの第 2 ステップ（Looking back on the action：実践の振り返り）から第 3 ステップ（Awareness of essential aspects：本質的な側面への気づき）にステップアップする過程です。実践を振り返ることはできるのですが，さらに気付きを得るためには新たな視点や子どもの姿を捉え直すことが必要となるため，振り返りの中でも最も重要な部分です。そのため，コルトハーヘンは自身での振り返りを促す要素として 8 つの問いを提示しています（詳しくは '考えてみよう' に取り組んでみてください）。この過程を乗り越えていくためには，自身での振り返りはもちろんですが，一人で抱え込まず，他の

保育者に相談したり，事例検討会で話し合ったりする機会が大切になるのです。

➡ 最近の家族や友だちなど，人との関わりのエピソードを使って以下の表の問いに答えてみましょう（例えば，外食するのに，どのお店にしようか話し合ったときのことや，誰かとの間でモヤモヤした気持ちになった出来事など）。

コルトハーヘンは，実践を具体的に考察できるようになることを促すために質問を提示しています。主語を自分と子ども（相手）に変えた4つの同じ質問です。振り返りを行いたい実践について，自身で1～8の8つの問いに答えようと考えることで，子どもの視点に立ち，子どもの目線で考える機会を得ることができます。

図表 11 － 2

0．実践（出来事）はどのようなものでしたか？	
1．あなたは何をしたかったですか？	5．子ども（相手）は何をしたかったですか？
2．あなたは何をしましたか？	6．子ども（相手）は何をしましたか？
3．あなたは何を考えていましたか？	7．子ども（相手）は何を考えていましたか？
4．あなたはどのように感じましたか？	8．子ども（相手）はどのように感じましたか？

実際にこの問いを保育者を目指している学生に行ったところ，「子ども（相手）」に関する問いについて答えることが難しかったと感じる学生が多くいました。しかし，この問いを行うことで子どもの視点に立って考えることの大切さに気付いた，と感想を述べていました。自分のことについても，改めて問いかけられることで頭の中が整理され，自分の考えの本質に気が付くことができます。そのことに気付き，子どもについて考えていく中で自分と子どもの行動や想いのズレを認識し，他の方法を考えたり，一致しているのであれば次はどうしようと考えたりすることに繋がります。また，この問いに答えていく中で，自分の考えや価値観を子どもに押し付けようとしていたことに気が付くかもしれません。単純な8つの問いですが，答えようと考えていくと多くのことに気付かされるものとなっています。

保育に限らず，振り返りをすることは，自分が困っていたり，もっとこうなりたいという想いを持ったりすることがあるからこそ行うものだと思います。だからこそ，その場に合った手法を用いてもらいたいです。本項では，実践からの振り返りとしてコルトハーヘンのALACTモデルを紹介しましたが，これからも新しい振り返りの手法は考えられてくると思います。保育は一人一人違う子どもの個性と保育者の個性の掛け算でつくりだされるため，

正解はありません。正解がないからこそ，やってみたことを振り返り，繰り返し実践を行っていくことが必要となります。子ども主体の保育を行うには，振り返るときにも子どもの姿，気持ちを大切にすることを忘れないでください。そのために，「考えてみよう！」に示したコルトハーヘンが提示している 8 つの問いの中でも「子ども（相手）」を主語にしているものがあったことをふとしたときに思い出してみてください。

引用文献

Fred A. J. Korthagen 2008 Linking Practice and Theory The Pedagogy of Realistic Teacher Education, Routledge

第12章　保育の中の多様性とwell-being

本章で学ぶこと　保育の現場には，障がいのある子，家庭に困難を抱える子，外国にルーツのある子などさまざまな背景を持つ子どもたちがいます。子どもの多様化が進む保育現場では，どの子も排除されることなく，権利が守られ，平等に保育に参加して育ち合うことが重要だと考えられるようになりました。この考えは，国連の子どもの権利条約の中にも示され，世界の未来を守るための目標として掲げられたSDGsの中にも示されています。

　ユネスコ（UNESCO）は，2030年までにSDGsの目標4に掲げられている「すべての人々に包摂的で公平で質の高い教育を提供すること」という目的を達成するために，「教育におけるインクルージョン（包摂）と公平性を確保するための枠組み」[1]を発表しています。

　本章では，このような世界の動向の中で，多様な子どもがいる保育現場のインクルージョンとwell-beingがどのように実現されるのかを皆さんと一緒に考えます。

▶▶▶ キーワード：多様性，インクルーシブ保育，well-being，子どもの権利

第1節　多様な子どもたちがいる保育現場

エピソード❶

一緒にパズル（異年齢保育3歳児，4歳児）

　もうすぐ4歳のお誕生日を迎える3歳児のマヤは，まだ言葉がでていません。テーブルでお気に入りのパズルを担当の保育者と一緒に楽しんでいると，近くにいた4歳児のユウトが好きなパズルを持ってきて横に座って遊び始めました。保育者は，ユウトにも声をかけながらそれぞれがパズルを楽しんでいます。ユウトは，「ほら，これマヤちゃんのだよ」と自分のところに交じっていたパズルの一片をマヤに渡すと，マヤは「アー」といいながらにっこり。

エピソード2

積み木の街の一角で（異年齢保育3歳児，4歳児，5歳児）

　幼児異年齢クラスの奥のコーナーでは，数人の子どもが積み木で遊んでいます。スカイツリー，そこから続く高速道路，その先には動物園ができ始めています。子どもたちは，好きなところに参加しながらイメージを広げ，夢の街が広がっているようです。

　そこに3歳児のケンタがやってきて積み木の街を壊し始めました。「ケンちゃん，やめてよ！」と制止する4歳児のサチ。「ケンちゃん，ここが空いてるよ。この積み木つかっていいよ」と声をかける5歳児のアキ。するとケンタは，積み木の道路をそっとまたいで，空いているスペースにすっぽりと入って遊び始めました。

エピソード3

新しい友だち（5歳児）

　保育者が園庭で遊んでいる子どもたちの所に行こうとしていると，3か月ほど前に入園してきた5歳児のマテオが同じクラスの5歳児ヒロトの帽子を持って保育者をじっと見つめて何かを伝えたい様子です。最近ヒロトとマテオが急接近しているのを保育者は，期待を持って見守っていました。「その帽子，ヒロくんのだね」というと頷くマテオ。どうしたいのかな？　と見ていると，「ヒロ，ドコ？」ときょろきょろとあたりを見回し，帽子をかぶっていないヒロトを見つけると，うれしそうに帽子を持って走っていきました。

　エピソード1のマヤと2のケンタは，発達がゆっくりだったり，障がいがあると言われている子どもです。3のマテオは最近外国から日本にやってきた子どもで，両親ともに外国人です。同じように言葉でうまくコミュニケーションがとれないのですが，その背景はさまざまです。障がいなどによる発達の違い，外国にルーツのある子（以下，外国ルーツの子）のように言葉や文化の違い，他に子どもたちの家庭の背景もさまざまです。虐待など不適切な養育と言われる環境によって，いつも不安を抱えていて落ち着くことができない子どももいます。

　子どもたちは，さまざまな子どもがいることが当たり前の生活の中で，自分たちなりに友達を理解し付き合い方を工夫するようになっています。そこには，配慮や支援が必要だと言

われる子どもに関わる保育者の姿勢も影響しています。保育者がどの子もあたり前に受け入れ，その子の言葉にならない声に耳を傾け，代弁しながら周りの子どもに伝えていく様子を見て，子どもたちは，どの子も大事にされていることを感じ仲間として受け入れていきます。

考えてみよう！

➡ あなた自身が通った保育施設（保育所や幼稚園），あるいは，ボランティアや実習をした保育施設には，障がいや外国にルーツのある子どもなど，支援が必要な子どもがいましたか？　グループで自身の体験を共有してみましょう。

今から数年前に東京都の公立保育所 41 園に実施した調査[2] では，担任するクラスに障がい児が一人以上いると答えた保育者は全体の 37％でしたが，気になる子（発達障がいを疑う子）がいると答えたのは 84％でした。そのうちクラスに 2 人以上いると答えたのは 78％にのぼり，障がいの診断を受けている子どもはそれほど多くはないけれど，保育者が障がいかもしれない，あるいは，支援が必要だと考える子どもは複数いるという現状が明らかになりました。また，外国ルーツの子どもがいると答えたのは 43％で，半数に近いクラスに外国ルーツの子どもがいることもわかりました。

この結果からも，何らかの支援や配慮が必要な子どもは，クラスに複数いる可能性があることがわかります。そのため，一人ひとりに合わせて個別に支援するのでは，保育者が何人いても足りませんし，何より，せっかく集団で生活しているのに，個別の関わりばかりだと子ども同士の関係をつくることができなくなってしまいます。では，どうすればよいのでしょう。

多様な背景を持つ子どもがいる保育現場において，どのような環境をつくっていけばよいのかを考える前に，基本となる子どもや保育の捉え方について知っておきましょう。

第 2 節　支援が必要な子どもをどう捉えるか

ここでは，障がいのある子どもに注目して，障がいと保育に対する考え方がどのように変わってきたのかを見ていきます。

1950 年代から北欧を中心にノーマライゼーションの理念が世界に広がってきました。ノーマライゼーションとは，障がいやその他の不利を抱えていても，社会の中で区別されることなく健常の人と同じように生きがいを持って通常の生活を送ることができる社会が，本来あるべき姿だという考え方です。このように，障がいのある人の権利を重視する考えは，日本の教育や保育の中にも広がっていきました。

1970 年代には，通常の保育所に障がい児を受け入れ，健常の子どもと一緒に保育する『統合保育』の制度が始まり，障がい児を受け入れる際の保育者の加配制度などが定められました。そこで目指されたのは，主に健常児と共に保育することで障がい児の発達を促進することでした。

統合保育が始まってから 50 年の年月が経ち，障がいに対する捉え方が変わりました。

1．医学モデルから社会モデルへ

障がいに対する考え方として，医学モデルと社会モデルがあります。

統合保育が始まった頃は，障がいは，本人の心身機能の問題であり，個人が抱える問題によって日常の生活にさまざまな困難が生じ，社会参加が制限されると考えられていました。ですから，困難を少しでも軽くするために，治療を受けたり，リハビリをするなど障がいや病気のある本人の努力が重視されました。これが，医学モデルの基本的な考え方です。

その後，障がいの捉え方は，個人の問題だけでなく，社会の問題でもあるという考え方に変わってきました。障がいは社会がつくり出すという考え方で，社会モデルと言います。

2000 年に WHO（世界保健機関）は，国際生活機能分類（ICF = International Classification of Functioning, Disability and Health）を発表し，障がいは生活機能が低下した状態であるとしました。図表 12 － 1 が ICF の考え方を図にしたものです。

図の中央の生活機能の部分を見ると，矢印が両方向に向いていて，「活動」や「参加」は心身機能だけによるのではなく，双方向に影響し合っていることがわかります。また，図の下段にある背景因子（環境因子および個人因子）が生活機能に影響を与えていることもわかります。これらがそれまでの医学モデルの考え方とは異なるポイントです。周囲の環境や個人

図表 12 － 1　ICF の生活機能モデル

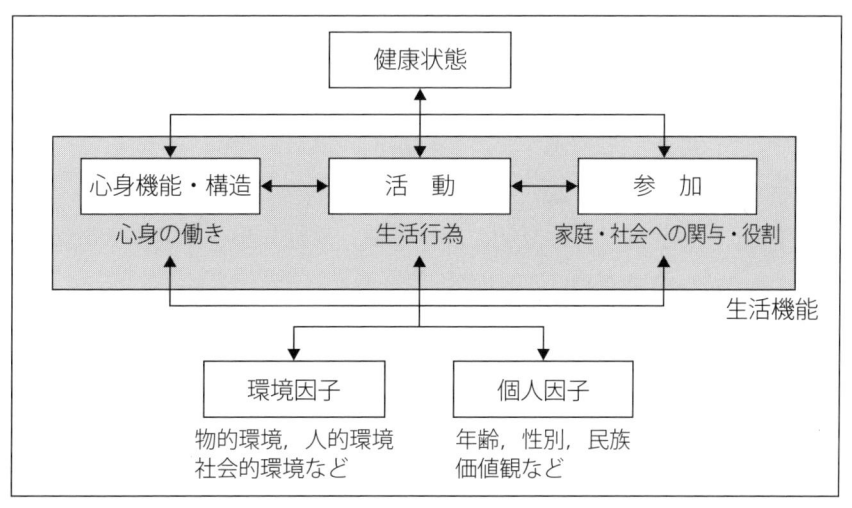

（出所）厚生労働省 ICF（国際生活機能分類）より

のあり方によって心身機能，活動，参加のあり方が変わってくるということです。生活する上での困難は，個人だけの問題ではなく，社会のあり方や周りの環境からも大きく影響を受けるのです。

　皆さんは，パラリンピックで活躍するアスリートの姿など，障がいがあっても社会で活躍する人たちを数多く目にしていると思います。障がいは，社会がつくりだすという社会モデルの考え方に立つと，重い心身機能の問題を抱えていても，社会（周りの環境）のあり方によって，自分の役割を担って，社会に参加し，生きがいを持って活き活きと充実した生活を送ることができるということになります。

　社会の障壁を取り除くバリアフリーの取り組みは，例えば段差をなくす，点字ブロック，音の出る信号機等々…日常的にも数多く目にするようになりました。さらには，国籍，年齢などさまざまな違いにかかわらずどの人にも便利であることを目指すユニバーサルデザインも広がっています。このように物理的な障壁を解消する取り組みは着々と進められていますが，障がいや障がいがある人たちへの理解など，意識面でのバリアの解消にはまだ時間がかかりそうです。

┌─考えてみよう！────────────────────
│
│ ➡ バリアフリーやユニバーサルデザインの取り組みについて具体例を調べてみましょう。また，
│　 意識面でのバリアとはどのようなものがあるかも考えてみましょう。
└──────────────────────────────

第3節　共に育つインクルーシブ保育へ

　このような障がいの捉え方の変化は保育にもあてはまります。前述の統合保育の考え方は医学モデルといえるでしょう。障がいのある子どもを健常の子どもの集団に入れることによって，障がいを軽減したり，発達を促進することを目指しているからです。障がいのある子どもを健常の子どもと区別し，健常の子どものための保育に適応できるように支援する仕組みだといえます。

　例えば，保育でこんな場面を見たり聞いたり経験したりしたことはありませんか？

┌─エピソード4─────────────────────────
│
│ **ホールはいやだ！（3歳児）**
│
│ 　今日はホールで5月生まれの子どものお誕生会です。3〜5歳児クラスの100人近い子どもと
│ 誕生日の子どもの保護者がホールに集まりました。3歳児のタケルは，大きな音やいつもと違う

雰囲気に驚いて，耳をふさいで泣き出しホールに入ろうとしません。担当保育者が飛び出そうとするタケルを抱きかかえ，「タケルくん，これから楽しい劇があるよ。」と懸命になだめます。しかし，タケルは全身をそらせて保育者の腕から抜け出そうと必死にもがき続けます。保育者は少しでも参加してもらいたいので，あの手この手で気を引こうとしますが…。

1．インクルーシブ保育とは

　いつもと違うざわざわした雰囲気，大きなマイクの音や大勢の子どもの声など，新しい環境が苦手で音に敏感なタケルくんにとっては耐えがたい場面です。一方，保育者は，みんなと一緒にその場にいて，他の子と同じ経験をすること，そして同じ行動ができるようになることがタケルの成長だと考えています。ですから，これまで続けてきた保育にできるだけ早く慣れて，みんなと同じように行動できるようになってほしいと願っています。

　この場面では，タケルの心の声には耳を傾けられていません。おそらく，タケルが我慢してみんなと同じことができる時間が長くなれば，保育者にとって望ましい姿に近づいたことになり褒められるでしょう。タケルは褒められるために，もっと我慢するようになり従順になっていくかもしれません。

　このような従来の統合保育が目指す保育のあり方に対して，障がいをはじめ支援が必要な子どもを含む多様な子どもが当たり前にいる保育現場において，どの子の意見も大事にされて，それぞれの持ち味が生かされて平等に保育に参加し，共に育っていく環境づくりを目指すのがインクルーシブ保育です。子どもを変えるという発想から，保育を見直すという価値観の転換になります。

　障がいやさまざまな困難の有無にかかわらず，どの子も，一人の人間としての尊厳を持つかけがえのない唯一無二の存在です。その子どもたちが，同じ環境を共有し，自分らしく成長していくためには，子どもたちの姿に応じて保育そのものを見直し，新しい環境をつくっていく柔軟な視点が必要になります。

　以下は，統合保育とインクルーシブ保育の考え方の違いを図式化したものです。

　障がいを軽減し健常児集団への適応を目指す統合保育と，障がい児も多様な子どもの中の一人として，保育そのものを見直し育ち合う保育環境をつくっていくことを目指すインクルーシブ保育との違いが見えてくると思います。

　インクルーシブ保育が大事にするのは子どもの意見（声）です。人は，生まれたときから一人の人間として意見を持つ存在です。まだ言葉を話せない子どもでも，表情や行動などさまざまな方法で自分の意見を表現します。保育者は，その意見に耳を傾け，理解し代弁しながら，その意見が実現できるように関わりや環境を工夫していきます。

　このように自分の意見を聴いてもらい，自分の存在を認められた子どもは，自分が価値ある存在だと実感し肯定感を育んでいきます。仲間の思いも尊重できるようになっていきま

図表 12 － 2　統合保育からインクルーシブ保育へ

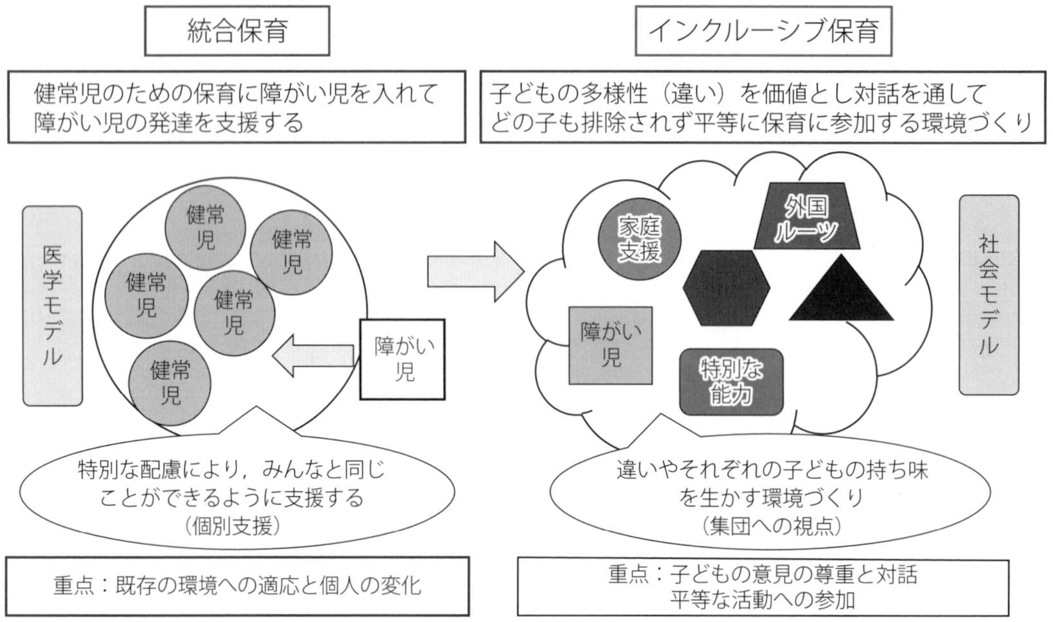

統合保育

健常児のための保育に障がい児を入れて
障がい児の発達を支援する

インクルーシブ保育

子どもの多様性（違い）を価値とし対話を通して
どの子も排除されず平等に保育に参加する環境づくり

医学モデル

健常児　健常児　健常児　健常児　健常児

障がい児

家庭支援　外国ルーツ　障がい児　特別な能力

社会モデル

特別な配慮により，みんなと同じ
ことができるように支援する
（個別支援）

違いやそれぞれの子どもの持ち味
を生かす環境づくり
（集団への視点）

重点：既存の環境への適応と個人の変化

重点：子どもの意見の尊重と対話
平等な活動への参加

　す。そのような子どもが，全力で充実した日々を送れるような環境づくりをして，子どもの well-being を保障していくことが保育者の役割になります。

2．インクルーシブ保育の一場面

　ここでは，多様な子どもがいる保育の中で，どの子の意見も大事にされて育ち合う子どもの姿を紹介します。

・発達に困難のあるショウタのいるクラス

　3 ～ 5 歳児異年齢混合クラスひまわり組には，発達障がいの傾向があると言われているショウタがいます。2 歳児の頃から人への関心がうすく，視線が合いにくかったり，部屋を動き回ったり，飛び出すなどみんなと一緒に活動することが苦手でした。散歩では，興味が向くと突然走り出したりして危険なことが多いので，進級して担当の保育者がつくことになりました。初めてのことや変化が苦手なショウタでしたが，保育者の支えもあって比較的スムーズに新しい環境に慣れていきました。3 歳児の夏ごろのショウタの様子です。

ハンバーガー屋さんのはじまり！（3歳児）

　クラスの子どもたちは，自分のしたい遊びを自由にしています。積み木遊びやブロックで遊んでいる子，段ボールで囲いをつくってお家ごっこをしている子ども，コマ回しをしている子ども，絵本を読んでいる子等々…。

　そんな中，ユウキは，担当の保育者と一緒に折り紙などで制作をしています。4歳児のマナも一緒です。昨日の続きでハンバーガー屋のポテトづくりが始まりました。マナが，ポテトの袋を折り紙で折り始めると，保育者は，「ショウタくん，ポテトつくろうか」とショウタに声をかけ，折紙を渡し，ハサミで切って見本を見せます。ショウタは保育者に折り紙の端を持ってもらって，長細く切り始めました。何枚も飽きずに切りつづけ，袋にいっぱいになると，「オシマイ」と宣言して立ち上がります。どこに行くのかと見ていると，近くにいた担任保育者の所に行っていっぱいの折り紙が入った袋を差し出します。淡々とした表情で言葉もありませんでしたが，『ねえ，見て。いっぱい作ったよ，先生にあげる』という心の言葉が聞こえてきそうです。担任が「ありがとう。おいしそうだね。先生，コーラも飲みたくなったな」というと，すかさず，近くにいた子が，ままごとのコップを持ってきて担任に渡します。すると，ユウキがままごとのヤカンを持ってきて，コップに注ぎ入れるようにヤカンを傾けます。そのやり取りを見て，何人かの子どもが集まってきて，ハンバーガー屋さんごっこが始まりました。担任や友達の注文を受けてショウタは行ったり来たり大忙しです。

　この園では，子どもがやりたい遊びを自分で選んで存分に遊びこむことを大事にしています。ですから，保育室はいつもさまざまな遊びが展開しています（イラスト）。保育者も子どもの中に入って，折り紙，空き箱制作，粘土などさまざまに展開する制作を手伝ったり，一緒にごっこ遊びの中に入って，遊びがもっと楽しくなるように関わりながら遊びを広げていきます。ショウタの担当の保育者も周りの子どもと一緒に遊びを楽しみながら，ショウタと子どもとの関係をつないでいます。周りの子どもにとってショウタは仲間の一人になっています。

　このエピソードでは，ショウタは，保育者にサポートしてもらいながら遊びに参加し，その遊びに関心を持った子どもが一緒に遊びに入

り，複数の子どもの遊びに広がっていきました。子どもが面白いと感じることから，遊びと子ども同士の関係が広がっていきます。楽しみ方，参加の仕方もそれぞれです。好きな遊びをたっぷりとできる生活の中で，ショウタは保育室の外に飛び出すことが少なくなっていきました。

　ショウタは，4歳児になると，子どもとの関わりが増え自己主張が出てきました。そのため周りの子とトラブルになることも増えてきました。普段は穏やかなショウタですが，新しい場面や活動が変わるようなときは落ち着かなくなります。また，自分の思いが強い反面，相手の気持ちがわかりにくいこともあり，手が出てしまうこともありました。

　その一方で，物知りで，面白い子として，クラスの子どもたちに一目置かれる存在になっていました。3歳児の子どもの憧れの存在にもなりました。恐竜，昆虫，動物図鑑は完璧に暗記していて，何を聞いてもすぐに答えてくれますし，文字や数字を読むことができます。こんな場面がありました。

■エピソード6

ものしりショウタ（4歳児）

　ショウタは，最近お気に入りの絵本『いちにちこんちゅう』（PHP研究所）を持ってきて，そばにいた担当の保育者の前に広げます。保育者が1ページ目の昆虫の名前をいうと，2ページ目のリアクションのページをショウタが読むというやり取りが始まりました。

　保育者が「いちにち　カブトムシ！」と読み，ページをめくります。すると，ショウタが，「ぐわー！　イテテテテテッ！　くわがた，つよすぎ〜」と言いながら，どってんと大げさに尻もちをつきます。

　楽しそうに抑揚をつけながら大きな声で読みあげ，面白い動作までつけるショウタをみて，そばにいた子どもたちは大笑いです。絵本をめくりながら，次々と新しい昆虫が出てきて，リアクションが変化していきます。読み終わると周りから「もう一回！」というリクエストの声が上がりました。

　周りには，ギャラリーの子どもがどんどん増えていきます。

　ショウタのことが大好きで，常にそばを離れない3歳児の子も出てきました。ショウタもその子と一緒に行動することが増え，周りの子どもとのトラブルも減っていきました。何より，物知りでユニークな子どもとしてクラスに受け入れられていきました。

　たっぷりと遊べる自由な保育の中で，ショウタの「好き（こだわり）」が持ち味として活かされ，子どもにも認められ関係が広がっていきました。また，クラスの遊びも一層豊かになっていきました。

3. 子どもの意見を聴くとは

　どの子もその子なりの持ち味を持っています。それが活かされる環境をつくっていくことがインクルーシブ保育の一つのポイントであり，多様な子どもの意見を聴くということにもなります。少数派の子どもが多数派の子どもの意見に合わせるのとは対極です。子どもは，自分の好きなことがみんなに認められ，周りの子どもは，その子への見方を変え，新たな遊びの面白さを発見していきます。そのような相互関係の中で，育ち合う豊かな保育環境がつくられていきます。

　保育者が子どもの「やりたい」を聞き取り，どのように保育の中で実現していくのかを子どもと対話し工夫していくことで，子どもは，自分の意見が周りにポジティブな影響を及ぼし，より楽しい環境が生まれることを経験していきます。このように，どの子も安心して自分らしく参加できる環境を子どもと共につくっていくのが保育者の役割になっていきます。

考えてみよう！

➡ 保育所・幼稚園，学校時代を振り返って，先生に自分の意見を聞いてもらえたと感じたことはありますか。それはどんなこと，あるいは，どんなときでしたか。グループで共有してみましょう。

第4節　保護者と手を取り合う

　「園長先生や主任の先生に呼び止められないように事務室の前を通るときは，身をかがめて姿が見えないように小走りに通り過ぎていました。」

　そう語ったのは，集団行動が苦手なリョウの母親です。朝の集まりが始まっても遊び続け，友達とのトラブルが多く手が出やすいので，怖がる子も出ていました。園では何か障がいがあるのではないかと思い，医療機関で調べてもらうように母親に勧めました。ショックを受けた母親は，毎朝登園前に，「今日は，先生の言うことをちゃんと聞くこと，友達をたたかないこと，けんかをしないこと，約束してね」とリョウに言い聞かせ，降園すると朝の約束を守れたか確認するのでした。友達を泣かせてしまったことがわかると，厳しく叱ることはありませんでしたが，ため息をついて涙ぐみました。

　そんなやりとりが毎日続く中で，リョウは園でますます落ち着きがなくなり，手が出る頻度も増していきました。

　「追い詰められていきました。子どもに問題があると指摘されたのもショックでしたが，園の先生方がリョウを邪魔な子だと思っているのだと考えると，さらにつらかったです」と，わが子が排除されていると感じ，つらく肩身の狭い思いをしていることを語りました。母親

の強い孤立と孤独を感じました。

　一方で，保育者も悩んでいました。まず，手がかかります。予定していた活動が止まってしまうこともあります。周りの子どもに危害がおよぶこともあります。

　早く医療機関に行って診断してもらえれば，特別な子として，担当の保育者をつけたり，別の場所で保育することもできます。特別扱いすることの理由ができます。そして，療育に通ってもらえれば，問題行動もなくなっていくに違いないと期待していました。

１．支援の必要な子どもの保護者を理解する

　「自分の子どもの現実がわかっていない」「保育者の言うことに耳を傾けない，聞こうとしない」「遠まわしに子どもに問題があると伝えるけれど伝わらない。どうしたらわかってもらえるのでしょう」という保育者の声をこれまで数多く聞いてきました。

　保育者が遠まわしに伝える子どもに対する指摘は，ほとんどの場合，保護者に伝わっています。そして，伝われば伝わるほど，否定したり拒否の気持ちが大きくなり，保育者への不信感も増していきます。

　問題のある子として指摘され区別され，医療機関でその証明をもらうように言われる保護者の気持ちを考えてみてください。否定したい気持ちになるのが普通の反応でしょう。「先生に指摘されて，本やネットで調べつくしました。調べれば調べるほど，否定できなくなって絶望的な気持ちになるのですが，時々当てはまらない特徴も見つかります。それを見つけては，『うちの子は違う』と自分に言い聞かせ，違う特徴を探し続けていました」とある保護者は話してくれました。発達障がいのある子どもの保護者に実施したアンケートでは，幼児期は，障がいを否認する気持ちと他の子に早く追いついてほしいという焦りの気持ちが非常に強いことがわかりました[3]。

２．保護者と信頼関係を築くために

　では，保育者として，保護者にどう関わっていけばよいのでしょうか。まずは，保護者に寄り添う姿勢を持つことでしょう。子どもができないことや保育者が困っていることを指摘するよりも，子どもの変化や成長，保育の中で保育者が感じた喜びや嬉しかった出来事を保護者に伝えていくことです。保育者の子どもへの関わりやまなざしを保護者は敏感に感じます。「先生が，わが子のことをよく見てくれていて，色々と工夫しながら友達と一緒に過ごせるようにしてくれていることを知って，この先生なら，子どものことを相談できると思いました」と話してくれた保護者は，保育者にわが子の発達について心配していることを話し，自ら療育機関に子どもを通わせるようになりました。

　子どもを真ん中にして，保護者とつながり，信頼関係をつくっていくためには，保育者は，子どものことをもっと知りたいと願い，小さな発見や喜びを保護者と共有する関係を築いて

いくことが大切になります。

> **コラム**

> ### 保育と医療の役割の違い

> 　個人の病気の原因をつきとめ，適切な治療（投薬，手術など）を行い，原因をとりのぞき治癒するのが医療の役割です。これまでに効果が確認されている結果（エビデンス）をもとに治療が施されます。発達障がいなど子どもの生来の行動傾向は治療対象とはなりにくく医療で直接できることは限られてきます。例えば，薬で行動をコントロールするなどがあります。これは，保育や教育現場で短時間落ち着いていられるように使われることもあります。先に述べた医学モデルに基づいた治療です。

> 　医学モデルの考え方に基づいて，障がいのある子どもに対して医療と連携して子どもの発達を支援する取り組みを療育（治療教育）といいます。障がいを軽減するという医学モデルの考え方に基づいて，社会に適応できるように子どもの発達を支援していく取り組みです。リハビリのような考え方になります。

> 　一方，社会モデルである保育は，他の子どもとの生活の中で，一人ひとりが，そのままで価値のある存在として受け入れられ，安心して本来持つ力を発揮し，仲間と共に可能性を広げ成長していくことができる環境をつくっていく営みです。成長の鍵になるのは，安心できる生活と遊びです。豊かな遊びの中で，子どもは学び成長していきます。障がいやその他の困難の有無は関係ありません。障がいの有無にかかわらず，どの子も特別な存在ですから，そもそも特別扱いという考え方は保育には合わないといえます。

> 　障がいと診断されても，療育に通っても，保育ですることは変わらないはずです。その子の声に耳を傾け，今必要なことをしていくためには，個別の関わりだけでなく，保育のあり方や環境そのものを見直すということが大切になります。

> （芦澤清音）

※本章のエピソード 2，3 の挿入イラストについては，エピソードのイメージをもとに大学 2 年生が作成。

引用文献

UNESCO　Incheon Declaration Framework for Action　2030
芦澤清音　2021　東京都公立保育所研究会の広報　254　pp.6-25
芦澤清音　2011　発達障がい児の保育とインクルージョン　大月書店　pp.116-123

《執筆者一覧》（五十音順）

芦澤　清音（あしざわ・きよね）　序章，第7章第3節，第12章
　帝京大学教育学部初等教育学科教授

石川　素子（いしかわ・もとこ）　第10章
　帝京大学教育学部初等教育学科助教

岡田たつみ（おかだ・たつみ）　第2部はじめに，第5章第1・2・5節，第6章，
　　　　　　　　　　　　　　　　第7章第2節
　帝京大学教育学部初等教育学科教授

寒河江芳枝（さがえ・よしえ）　第2章
　帝京大学教育学部初等教育学科准教授

佐々木沙和子（ささき・さわこ）　第3章
　帝京大学教育学部初等教育学科助教

浪越　一喜（なみこし・いつき）　第4章，第5章第3・4節
　帝京大学教育学部初等教育学科教授

仁科　伍浩（にしな・くみひろ）　序章（保育の基本），第5章（コラム），第9章
　帝京大学教育学部初等教育学科助教

平沼　晶子（ひらぬま・あきこ）　第1章，第5章第6節，第7章第1節
　帝京大学教育学部初等教育学科教授

目戸　郁衣（めど・いくえ）　第11章
　帝京大学教育学部初等教育学科助教

若谷　啓子（わかや・けいこ）　第8章
　帝京大学教育学部初等教育学科准教授

《コラム執筆者一覧》（五十音順）

伊東あゆみ（いとう・あゆみ）　コラム（第8章）
　茨城県　保育士

小泉　篤（こいずみ・あつし）　コラム（第10章）
　帝京大学教育学部初等教育学科助教

持田　啓太（もちだ・けいた）　コラム（第4章）
　学校法人持田学園　有馬白百合幼稚園副園長

山地　沙季（やまじ・さき）　コラム（第8章）
　社会福祉法人なの花会　つくしんぼ保育園

呂　小転（ろ・しょううん）　コラム（第7章）
　帝京大学教育学部初等教育学科専任講師

（検印省略）

2025 年 1 月 20 日　初版発行　　　　　　　　　　　　　　略称―専門性

新しい時代に求められる
保育者の専門性
―子どもの well-being をめざして―

編　著	新しい時代の 保育者養成研究会
発行者	塚田尚寛

発行所	東京都文京区 春日 2－13－1	株式会社　創成社

電　話 03（3868）3867　　　ＦＡＸ 03（5802）6802
出版部 03（3868）3857　　　ＦＡＸ 03（5802）6801
http://www.books-sosei.com　　振　替 00150-9-191261

定価はカバーに表示してあります。

©2025 Itsuki Namikoshi　　　組版：ワードトップ　印刷：モリモト印刷
ISBN978-4-7944-8111-5　C3037　製本：モリモト印刷
Printed in Japan　　　　　　　落丁・乱丁本はお取り替えいたします。

─────────── 保 育 選 書 ───────────

新しい時代の保育者養成研究会 編
新しい時代に求められる
保育者の専門性
―子どもの well-being をめざして―
定価（本体 2,100 円＋税）

堀 科 編著
これからの時代を生きる子どもたちのための
保育方法論
定価（本体 2,300 円＋税）

石垣儀郎 著
援助者を目指す人の「社会福祉」
定価（本体 2,300 円＋税）

鈴木美枝子 編著
これだけはおさえたい！
保育者のための「子どもの保健」
定価（本体 2,400 円＋税）

鈴木美枝子 編著
これだけはおさえたい！
保育者のための「子どもの健康と安全」
定価（本体 2,500 円＋税）

松本なるみ・中安恆太・尾崎眞三 編著
予習・復習にも役立つ
社会的養護 II
定価（本体 1,800 円＋税）

百瀬ユカリ 著
よくわかる幼稚園実習
定価（本体 1,800 円＋税）

福﨑淳子・及川留美 編著
［新版］エピソードから楽しく学ぼう
保育内容総論
定価（本体 2,400 円＋税）

─────────── 創 成 社 ───────────

ワークシート

年	月	日	フリガナ	
学籍番号			氏　名	
第　章　第　節 考えてみよう！				

〈切り取り線〉

ワークシート

	年 月 日	フリガナ	
学籍番号		氏　名	
第　章　第　節 考えてみよう！			

ワークシート

年　　　　月　　　　日			フリガナ	
学　籍　番　号			氏　　　名	
第　章　第　節 考えてみよう！				

〈切り取り線〉

ワークシート

年　　　月　　　日			フリガナ	
学　籍　番　号			氏　　名	
第　章　第　節 考えてみよう!				

切り取り線

ワークシート

年　　　月　　　日		フリガナ	
学　籍　番　号		氏　　名	
第　章　第　節 考えてみよう！			

〈切り取り線〉

ワークシート

年　　　月　　　日		フリガナ	
学　籍　番　号		氏　　名	
第　章　第　節 考えてみよう！			

〈切り取り線〉

ワークシート

年	月	日	フリガナ	
学籍番号			氏　名	
第　章　第　節 考えてみよう!				

ワークシート

年　　月　　日			フリガナ	
学籍番号			氏　　名	
第　章　第　節 考えてみよう！